岩波現代文庫／社会 282

釜ケ崎と福音

神は貧しく小さくされた者と共に

本田哲郎

岩波書店

それどころか、体で「いちばん貧弱」と見なされている部分が、だいじなのです。わたしたちは、体の部分で「たいしたことない」と思ってしまうところを、なによりも尊重するようにします。それで、わたしたちが「目ざわりだ」としていた部分が、よりすぐれた調和をもたらすようになるわけです。調和がとれている部分には、そうする必要はありません。

神は、「不足がちのところ」をなによりも尊重すべきものとして、体を組み立てられました。それで体に分裂がなくなり、各部分が互いに配慮しあうようになるのです。こうして、一つの部分が苦しむなら、すべての部分がともに苦しみ、一つの部分がほまれを受けるなら、すべての部分がともに喜ぶようになるのです。

——コリントの人々への手紙Ｉ一二章22-26節

はじめに――一枚の絵

この絵(次頁)、一見グロテスクです。絵の右下の方によく見ると、「アイヘンバーグ」と画家の名前が書かれています。この人はこんなイメージの宗教画をよく描くようです。それと少し妖しい雰囲気の絵を描かれる方のようですけれども、この絵は、ニューヨークの炊き出しの風景を公園の片隅でばくぜんとながめていて、ふと自分自身に問いかけたところから描かれている。炊き出しのお世話をするボランティアの方たち、だいたい宗教関係者が多いようです、アメリカでは。そしてカトリックやプロテスタントなど、いろいろな教会が受け皿になって、州政府や合衆国政府もふくめてでしょう。補助金をもらいながら、大勢のボランティアに呼びかけて、炊き出しあるいはシェルター運営、そんなことをやっている。

ですからサービスする方はクリスチャンです、基本的に。もちろんアメリカはキリスト教社会ですから、並ぶ方もクリスチャンが多いかもしれません。アイヘンバーグさんは、ここで「あれ、どっち側にキリストがはたらいているんだろう?」という問いかけをもって、見つめています。そして、「いや、サービスする側よりもサービスを受けね

F. アイヘンバーグ画

小さくされた者の側に立つ神……！
サービスする側にではなく、
サービスを受けねばならない側に、
主はおられる。

ばならないほど弱い立場に立たされたその人たちの側に主がおられる、キリストはそういう方なんだ」ということを、画家の敏感な感性で見抜いたようです。それがこの絵に現れている。炊き出しに並んでいる列の一人にキリストを描く、という形です。

クリスチャンは一般に教会でいろんなことを若いころから教わっています。カトリックもプロテスタントもだいたい共通していますけれども、クリスチャンである者が、キリストの力、キリストからいただいたお恵み、キリストの息吹、喜び、生命、元気を与えられ、それをそうではない人たちにおすそ分けをする、わかち合う、そして神のいのちを広めていくんだ、というように教えられる。それが布教であり伝道であって、そうやって池の中に一つ、ぽとんと石ころを落としたら、波紋がずーっと広がっていくように、教会を中心に福音の広がりが及んでいくんだっていうふうに、けっこう自己中心的な発想を教わってきている。でもこの絵は逆です。

普通には、クリスチャンとして、使命感をもち、わかち合いの精神をもって、というふうに考え方は動いていくわけですけれども、でもこのアイヘンバーグさんの目から見たら、「いや、そうではない。キリストはそういうクリスチャンたちの献身的なはたらきを受けなければならないような、そういう立場の人たちの側におられるんだ」ということになった。

いま、釜ケ崎で野宿をしいられるまでに大変な状況に追いやられている日雇い労働者の先輩や仲間たちへの支援という関わりをさせてもらっていますが、わたしたちは支援するときに、どうしてもこちら側に神さまがいるとか、自分の側から相手に仏さまの力を届けてあげるという発想になりがちでした。けれどもこの絵が示してくれているのは、それとは逆なのです。

作者のアイヘンバーグさんは、芸術家の鋭い眼で、いったい神さまはどちらの側にいるんだろう、炊き出しをする側なのか、それともそれを受ける側か、ということを考え、そして表現しています。普通ならボランティアする側、助けてあげる側、お手伝いする側に、神さまがはたらいておられる、とイメージしてしまう。しかし、彼は「そうではない。神さまはむしろ、手助けを必要とするまでに、小さくされてしまっている仲間や先輩たちと共に立っておられるんだ」と見抜いたのです。

わたしは釜ケ崎に来て十六年近くになりますが、ほんとうにそうなのだと日々、実感をさせられています。なぜ自分が釜ケ崎で日雇い労働者、社会的に小さくされてしまっている人たちの側にいるのかということ、アイヘンバーグさんの目と感覚をわたしも共有するようになったのかということ、また、もう一つ、「愛することよりも大切にすることを求めたい」という日頃考えていることなどを報告します。

この本の第I部「ある出会い」は、いくつかの講演が基になっています。「ホームレス支援」にたずさわっておられる方々に招かれたおりに、あるいは西南学院で、また金光教の教会で、など機会と場所はさまざまです。第Ⅱ部「宗教を超えて福音を——聖書講義」は、日本基督教団若松浜ノ町教会で二日にわたってお話ししたものが基礎です。お話しする際、わたしは原稿を用意したり、前もってきちんと筋を立てたりしません。いく本かの柱を、わたしなりの目印に、あとは聴いてくださるみなさんのお顔と、場所の雰囲気によっていろいろに肉づけするだけなのです。ですから、そのつど引く聖書の箇所などはかさなってきます。本書に、例として挙げた聖書解釈のいくつかが繰り返しになっているのも、その名残りなのです。まとめるにあたっては、お話ししたおりおりの場の空気、気分などを残すために、あえて整理しておりません。

そして、第Ⅲ部の「いま、信頼してあゆみ始めるために」は、わたしの体験的な福音理解、信仰理解を書いてみたものです。

なお、本文中に引用した聖書は、新約聖書については基本的に拙訳を使い、旧約聖書に関しては新共同訳によっています。

目　次

I　ある出会い

痛みを知る人たちこそ

一九九三年の秋から釜ケ崎で始まった反失連（「釜ケ崎反失業連絡会」の通称）という運動をやっています。この運動は、野宿をしいられた労働者の仕事と生活を制度として獲得するという狙いをもっています。とっかかりは、人が生きるために必要な衣・食・住の問題の中でも、とりわけまず今日、食わないと明日はどうなるかわからないというギリギリの状況で生きていく仲間、先輩たちの食と寝場所の問題に取り組むことでした。炊き出しをやり、労働センターの夜間開放や自前の大テントシェルターを建てるなど、みんなでやっていきました。何人かの仲間は、逮捕され拘留されました。裁判を起こしてその不当を訴える闘いもつづけました。みんなのがんばりで特別就労事業が行なわれるようになり、野宿の労働者で五十五歳以上の高齢者三千人が輪番登録しています。

動いていく中で気づかされたことなのですが、釜ケ崎で野宿をしている労働者が望んでいることは、炊き出しや衣料の無料配布などではなく、仕事だったということです。わたしは、釜ケ崎に来た当初は、「物があふれて、有りあまっている日本中のもの、ぜんぶ、釜ケ崎に持ってきてよ」という思いでした。けれども、今日、食わないと明日ど

痛みを知る人たちこそ

一九九三年の秋から釜ケ崎で始まった反失連(「釜ケ崎反失業連絡会」の通称)という運動をやっています。この運動は、野宿をしいられた労働者の仕事と生活を制度として獲得するという狙いをもっています。とっかかりは、人が生きるために必要な衣・食・住の問題の中でも、とりわけまず今日、食わないと明日はどうなるかわからないというギリギリの状況で生きていく仲間、先輩たちの食と寝場所の問題に取り組むことでした。炊き出しをやり、労働センターの夜間開放や自前の大テントシェルターを建てるなど、みんなでやっていきました。何人かの仲間は、逮捕され拘留されました。裁判を起こしてその不当を訴える闘いもつづけました。みんなのがんばりで特別就労事業が行なわれるようになり、野宿の労働者で五十五歳以上の高齢者三千人が輪番登録しています。

動いていく中で気づかされたことなのですが、釜ケ崎で野宿をしている労働者が望んでいることは、炊き出しや衣料の無料配布などではなく、仕事だったということです。わたしは、釜ケ崎に来た当初は、「物があふれて、有りあまっている日本中のもの、ぜんぶ、釜ケ崎に持ってきてよ」という思いでした。けれども、今日、食わないと明日ど

I　ある出会い

ボランティア活動の一つに、夜のパトロール(夜まわり)があります。はじめて参加したときびっくりしたのは、ドヤが沢山あまっているにもかかわらず、ドヤ代が払えず野宿している労働者がいっぱいいることでした。夜中の十二時ごろのパトロールでした。あちこちで労働者がダンボールを敷いて横になっています。なかにはお腹が空きすぎて横にもなっていられなくて、膝を胃袋にぎゅっと押し付けてしゃがみ込んでいる人もいました。その人にこっそり(寝ている人を起こさないため)「おにぎりを持ってきているけど食べませんか」と声をかけました。その労働者は、ぱっと顔をかがやかせましたが、膝を抱えたまま手を出さないのです。「いらないのですか」というと、彼はまわりに寝ている五、六人の人たちをあごで指して、「この人らの分もあるんか」というのです。「わし一人やったら食われへん」と。

ドヤにも泊まれず、お腹すかして路上に寝ているわけです。わたしだったら自分だけこっそりもらって食べたなと思いました。で、彼に「うん、あるよ」といったら、「おい、飯や飯や」とみんなを起こして、「すまんな」といって自分も食べたのです。

わたしたちは野宿をしている人たちを見ると、なにか嫌な感じがしますね。昼間っから公園のベンチでごろごろしているし、それだけだったらまだ我慢もできるけど酒瓶なんか置いてある。「ようするに怠け者じゃないか」と、つい思ってしまいます。でも、そうではないのです。わたし自身、釜ケ崎に行った当初は、どうひいき目に見ても「しうなるかといった人たちの本音の思いは、できれば炊き出しなんかに並びたくない。できれば自分で働いて食いたい。みんなそう思っていたんです。でも今日、とりあえず何か食べるものがあるということは生きのびるために必要です。それにはお米がいる。野菜もいる。調味料も必要だ。それを買うにはお金がいる。だけど、そのお金はどこからも出てこない。行政も絶対に出してくれない。だけど、世間には善意の人たちがいっぱいいる。なんとか力になりたいけれども、どうしたらいいのかわからない、という話を聞く。そこで、反失連の活動や、野宿をしながらも仕事を求める労働者たちの状況を、年に二、三回報告書にして全国に送らせてもらって支援をいただいて運動をつづけています。

日雇い労働者の町釜ケ崎には、労働者のための簡易宿泊ホテルが無数にあります。ふつうみんなは「ドヤ」と呼んでいます。宿屋の「やど」をひっくり返してそう呼んでいます。個室ですが(だいたい一畳―三畳ぐらい)、布団が一組おいてあるだけで、水道も無ければガス栓もコンセントもありません。天井には蛍光灯が一本。そのころは、それが一万九千室ぐらいありました。労働者の数は警察発表で二万五千人ぐらいですが、ほとんどは建設労働に従事しています。わたしは一九八九年十一月に釜ケ崎に赴任しましたが、その年明けから労働者にまじって日雇いの仕事によく行きました。体が頑丈にできていますので、わりと手配師が声をかけてくれました。

んぼうのたりない人たちがああいうふうに野宿しているのだろう」としか思えませんでした。でも実際はそうではなかったのです。

　みんな仕事を求めています。いろいろな事情で働き口を失った人たちなのです。「会社が潰れた」、「倒産した」、「長期の病気で首になった」など、理由はさまざまです。学歴も、すぐれた技術も身につけるゆとりのなかった人が四十代、五十代になると再就職は難しい。そういう中で結局は野宿をしいられてしまう。好きで野宿をしている人はほとんどいません。一人もいないとはいいません。中には「今の世の中おかしいわ」という反骨から「人に頭下げて仕事するくらいだったら野宿をした方がまし」という人がいないわけではありません。でも、わたしの感触では千人に一人くらいです。あとは本当に仕方無しの野宿です。

　もう一つショックを受けた例を話します。釜ケ崎では毎年八月の十三、十四、十五の三日間、労働者中心の夏祭があります。日頃、力仕事で汗水たらして働いていて、自分の故郷に帰るあてもない労働者が、お盆の前後に仕事現場が休みに入って居場所がなくなり、みな釜ケ崎に戻ってくるのです。三十年前くらいから日雇い労働組合を中心にして、支援グループ(学生たちも)が応援に駆けつけて、夏祭をやろうということになったようです。丸太で盆踊りのやぐらも組みます。昼間はいろんな支援のセミプロの音楽家たちが入れ替わり立ち替わり演奏してくれて、ほかにのど自慢大会やら相撲大会などもあり、出店も並びます。みんなで楽しむわけです。

夏祭の最後の十五日には慰霊祭もやります。野宿をしいられた労働者の死亡者数は、だいたい毎年八百人くらい(大阪市内だけで)です。路上で亡くなっていたり、救急車で運ばれて治療を始める前に死んでしまった人たちです。病院に運ばれてから亡くなった人たちを「行旅病死亡者」、路上で冷たくなって発見された人たちを「行旅死亡者」と行政は区別しているようです。両方を合わせると毎年七百から八百人くらいです。

わたしたちが関わっていて、名前や通称を知っている人たちのほかに、支援の仲間たちが区役所に行ったり、警察に行ったりして、知りえた限りの名前を模造紙に書き出して張りだし、長テーブルにシーツをかけて、ローソクや花を飾った仮祭壇をつくって、みんなで慰霊祭をやります。その仮祭壇の前に労働者が入れ替わり立ち替わりやってきて、線香を上げる人が絶えません。手を合わせて頭をたれている人もいれば、手を後ろに組んでじっと書かれている名前を追っている人もいます。「あいつ死んだんか……」とつぶやく声が聞こえてきます。祭壇の上にはいつの間にか百円玉、十円玉、五円玉、一円玉が溜まっています。慰霊の気持ちの現れでしょう。

わたしは慰霊祭の司式をするので祭壇のところにいました。そこへ一人の労働者がやってきて、ポケットから五百円玉を突き出し、「おっ、両替してくれ」とわたしにいうのです。「なんだ、こいつは」と思いました。慰霊祭でみんながしんみり祈っているというのに、何を考えてるのかと、ついことばがことばが乱暴になって、「なにすんの？」ととがめたわけです。するとその労働者は頭をかきながら「わしなぁ、五百円玉一個しか無いねん。名前見てたらわしの連れが死んどる」。だから、お供えしたい。だけど明日仕事があるかもしれないから、朝飯代だけは取っておきたい。それで「両替してくれ」と乱暴になって、……

わたしは頭をガツンとなぐられた思いで、恥じ入りました。みなさんだったらどうですか。五百円玉一個しかない。家に帰ったら貯金がある、へそくりがあるということではないのです。全財産が五百円玉一個。わたしだったらお祈りはするでしょうが、最後の五百円玉をくずしてまでお供えしようという気にはならないでしょう。「神父です」ともっともらしい顔をしながら、福音の実践ということにおいて、この労働者の足元にもおよばないことを、つくづく思い知らされました。

痛みを知る人たちこそ、クリスチャンであろうとなかろうと、福音を実践しているのだと確信するようになりました。これはほんの一例で「えーっ！」と、思うようなことがいくらでもあるのです。

愛するよりも大切にすることを

「隣人愛」ということばがあります。これは身近かな人を愛しなさいということではなく、支えや協力を必要としている貧しく小さくされている人の隣人にあなたがなって、その人を大切にしなさいという意味です。聖書の教え全体の要約といわれる行為です。善意のボランティアの人たちなどの中に、自分の家族の一人であるかのように、この隣人を愛せるようにならなければ、と思っている人がけっこうおられる。けれども、そこに無理があるのかなと思います。実際に自分が釜ケ崎のボランティア活動をつづけていて感じたことですけれど、はたして他人を家族と同じように愛せるものだろうか。愛せるはずもないのにたてまえを通そうとしていたのではなかったのか。そのことにようやく気がつきました。自分の家族を愛するのと、お隣りの家族との接し方はまた違うではないか。現実には家族に対するような、夫婦の間のような、親が子どもを愛するような愛し方、それと同じ気持ちで、お隣りの家の人を愛せるはずがありません。また、そうすべきでもありません。ましてはじめて声をかけてみた野宿している労働者を、家族の一人であるかのように愛そう、愛そうとしていることが土台むりなことだったのではないか。キリスト教のいう「隣人愛」がその人を愛しなさいということであるなら、これは偽善だなと、ようやくわたしは気がついたのです。

わたしたちがふつう「愛」ということばを使う時、イメージしているのはギリシア語の「エロス」ですね。エロスというと、エロ本とかエロ・グロということばが連想されて、極端に狭められた使い方しかされていませんけれど、本来は、家族の愛や、夫婦の愛、恋人同士の愛、あるいは親が子どもを、子どもが親を愛すること、それらをすべて含むのがエロスの世界です。これはもともと生命を維持するために、生きるために、種族を継続していくために必要なエネルギーなのです。愛し合うことによって、もちろんそこにはセックスも含まれ、それによって子孫が確約されていくとか、そういうことを含めて家族を大事にし、親戚、部族を守っていこうという、それがエロスです。これこそ愛というべきものでしょう。

それに対して、家族と同じとまではいかないけれども、友だちとして好ましく思う気持ち、信頼によって引き合うエネルギーもあります。これをギリシア語では「フィリア」といって区別します。フィリアは、もっとすなおな言い方をすれば、好きか嫌いかという意味での好きな仲間という気持ち、友情です。これをも「友愛」といったりして、愛ということばでくくってしまいがちです。でも現実的に親子の愛、夫婦の愛にしても、いつか薄らいでいったり、時には無くなってしまうということもあるわけです。友達同士の関係でも、いつしかその友情が薄らいだり、長く会わないでいると、消滅してしまうこともありえます。それが自然なのです。だれのせいかと、自分をせめたり、相手をせめたりすることではないはずです。愛情や友情はやはり一時的なものでしょう。

ところが、聖書に出てくる、「愛」と訳しているギリシア語は、エロスでもなければフィリアでもありません。「アガペー」です。そのアガペーはなにかといえば、いちばん平たいことばでいえば、「大切にする」ということです。好きになれない相手かもしれない、でも大切にしなさい。愛情を感じない相手であるかもしれない。でも大切にしなさい。自分自身が大切なように、隣人を大切にしよう。愛情が薄れ、友情が失われたとしても、その人をその人として大切にしようとすること、これこそ人間にとって大事なことだ、と。そして「神は愛である」という聖書に出てくることばも、神は愛情そのものだといっているのではなく、神は人をその人として大切にする方である、と理解すべきだったのです。そういうふうに改めて原文からほぐしなおしてみたときに、わたしたちが大事にしなければならないものって何だったのかが少し見えてくる。それはボランティア活動においても、福祉的な関わりにおいても、相手を本当にいつも好きになれるとはかぎらないし、まして愛せるほどに心が傾くことはないほうが多い。それは気にしなくてもいいのです。大切にするということに一所懸命努力することが大事。そういうことなのです。

反失連としての活動は「大切にする」とはどうすることかを示しています。最初は労働部門を担当する大阪府庁前で、つづいて福祉行政を担当する大阪市役所前の中之島公園で、断続的に野営闘争をつづけました。いちばん長期は一年四カ月、三百人で野営をつづけました。そこで何のために公園を占拠しているのかをわかってもらうために「市民の皆さんへ」というビラをときどき作って配りながら、野営に参加している労働者たちが一斗缶のあき缶でカンパ箱をつくって三十人くらいずつ、京橋駅とか大阪駅前あたり、難波や淀屋橋の駅などでカンパ活動をしました。そのビラの一枚ですが、読売新聞が二〇〇〇年のデータをまとめた記事を要約してのせたのがあります。これを見ると野宿している人たちがどんな状態で死んでいくのかということがよくわかると思います。

市民のみなさん
いっしょに考えてください。
野宿生活をせざるをえない人がどんどんふえています。
路上に、公園に、河川敷に……
なぜでしょうか?
大阪市内だけで六六〇〇人、人口の一〇〇〇人に二人が野宿です。

野宿者は「勤労意欲に欠けた人たち」ですか?

建設日雇い労働者の野宿がふえはじめたのは一九九二年ごろから、一般の中小零細の職場から野宿する人が出てきたのは九五年ごろからでした。全国で三万人をこえたようです。すべては九〇年にはじまった平成不況の中で起きています。不況のしわ寄せは、まず社会の周縁・末端にのしかかり、少しずつ中心に向かって被害を広げてきているのです。

だれよりも汗水たらして働いてきた人たちから順に、押しつぶされ、切り捨てられているのです。

野宿をしいられながらも、アルミ缶、読み捨ての雑誌や新聞などの回収に夜中から早朝にかけて働きづめ。一日数百円にしかならなくても……

みんなの思いは「仕事さえあれば、だれが好き好んで野宿なんかするか……」です。

野宿は「三日やったらやめられない」気楽な生き方でしょうか?

二〇〇二年一〇月一二日、読売新聞(夕刊)に、大阪市内で発生する異常死の「死体検案記録」を精査した黒田研二・大阪府立大教授(公衆衛生)グループの調査結果が紹介されました。前年一年間の「ホームレス状態の人の不自然死」三〇六人(うち女性六人)についての、日本ではじめての調査でした。

「死亡場所は　路上九〇、公園四五、河川敷一七、水中七、簡宿(簡易宿泊ホテル)七一。発見のおくれも目立ち、高度腐敗、白骨化、ミイラ化が計三三例あった。平均年齢は五六・一歳と比較的若く、最年少は二〇歳、最高は八三歳。死因は、病死が一六七人で五五パーセントを占めた。(中略)自殺は五二人、他殺は少年グループの暴行を含めて六人だった」「餓死が一八人、凍死が一九人もあった」。そして「毎年、同様の状況が続いていると見られる」とコメントしています。野宿者の自殺は一般社会の六倍の比率、ストレスによる胃・十二指腸潰瘍での死亡は八倍、結核での死亡は四四倍だそうです。野宿生活はけっして「気楽な生き方」ではないのです。

失業が野宿にむすびついてしまう今の日本の社会——何とかしなければいけません

大阪市の「シェルター」も「自立支援センター」も、就労対策をともなわないために、路上生活を長引かせるだけの仕掛けにしか見えません。

「仕事さえあれば……」という、野宿をしいられている人たちの思いを真摯に受け止め、早急に対処すべきです。社会問題解決の道はいつも、問題の渦中にある当事者が指し示しているものであると知るべきです。

「釜ケ崎」は昔は地図にのっていたようですが、最近は地名としての釜ケ崎はありません。でも労働者はみんな、誇りを持って釜ケ崎といいます。行政は、なぜかそのあたりを「あいりん地区」と呼びます。このあいりんということばを労働者は嫌っています。いやらしい響きがあるのです。労働者はほとんどあいりん地区とはいいません。それを使うのは行政と報道関係だけです。釜ケ崎の労働者たちは、釜ケ崎ということばを好んで使いますけれど、釜ケ崎よりもっと呼び慣れた地名は「にしなり」です。これは西成区を指してるのではなくて、西成区の萩ノ茶屋一、二、三丁目の釜ケ崎に相当するあたりのことです。それとのつながりで、西成差別ということも取り沙汰されたりします。西成区の小学校の女子生徒が小・中学生向けの雑誌のマンガのはじっこに、「西成は怖いところ」みたいなことが書いてあったのを見て、泣いて悔しがり、「自分たちの住む西成区がなんでこんな言われ方をしないとあかんの」と抗議をして大きな問題になったりもしました。たしかに、釜ケ崎の地域の中には暴力団の組事務所がいくつもあったり、公共の道路上にしっかり三百六十度回転できる監視カメラが十六カ所に設置されていたりという、そんなふしぎな町でもあるわけです。そういうところにきて、わたしも十六年が経ちました。

よい子症候群のわたし

なぜ、わたしが釜ケ崎で生活するようになったのかをお話しします。わたしは一九四二年に台湾の台中で生まれました。両親が鹿児島県の奄美大島の出身で、敗戦と同時にふるさとである奄美大島に引き揚げてきました。ですから三歳のときから奄美大島で育ちました。奄美大島は台風銀座で島のまわりは全部珊瑚礁に囲まれて台風が楽しみでした。というのは、台風の翌朝、陸地の方はバナナとかパパイアとか、バンシロ（グワバの一種）の実がいくらでも落ちており、子どもたちの取り放題です。海はすごく荒れて珊瑚礁の深みに波がぶつかると、その中に隠れていた魚がフラフラになって珊瑚礁（リーフ）の上でぴちぴち跳ねているのです。バケツやざるを持って魚を拾いに行きます。そういう収穫があるので台風は大好きでした。五歳ぐらいから海に潜って魚を追っかけていました。それで体も頑丈になったみたいです。

奄美大島は宗教的には、シャーマニズムといって、神がかりになった女性が中心になるようなユタ信仰のところです。そういうことでもあったせいか、キリスト教が入ってきたとき、意外にサーッと広まりました。マリアの島といわれるほどに教会がどんな小さな村にもあって、ヨーロッパのキリスト教の影響で、たとえ小さな小屋のような教会であっても、尖塔から時を告げる鐘が鳴ります。朝六時、昼の十二時、夕方の六時になるとミレーの晩鐘の絵のように、クリスチャンの人たちは何をしていても、手を休めて、立って祈りをはじめるわけです。そういう雰囲気のふるさとです。

島の人口は、一番多いときで二十五万人ぐらいだったようですが(今は二十万人ぐらいか)、そのうちの二割ぐらいがクリスチャンだったということです。そんな中でわたしは育ちました。おふくろは自分の子どもにおっぱいを飲ませるときに、左腕で抱えておっぱいを出して、子どもはお腹が空いてびぇびぇ泣くのですが、「はい、食前の祈りをしましょう」と右手を取って「父と子と聖霊の御名によりて」といいますと、子どもは泣きながらも「メン」と応えます。わたしたちが最初に覚えたことばは、アーメンの「メン」でした。

わたしはそういうところでクリスチャンの四代目として育ちました。父親の兄弟が七人いて、それぞれがなぜか七人くらいずつ子どもがいて、つまりいとこが四十数人いる。田舎ですからみんなが家族のように育ち、どのおじさん、おばさんの家にいても、飯の時間になると、そこで当然のようにご飯を食べる。叱られるときは、そこの子と同じように厳しく叱られるという育ち方をしてきました。一族みんなクリスチャン。そういう中で育ちましたから、クリスチャンらしくしなさいとどこでもいわれて、心理的な圧迫感をいつも感じていたように思います。常によい子でなければならない、みたいな育ち方をしていたわけです。

学校では、友達同士何かトラブルがあると、間に入って仲裁をする、よい子になる。教会で、神父さんから「お前、大きくなったら何になりたい？」と聞かれると、どう答えたら神父さんが喜ぶかわかる要領のよい子に育っていますから、「神父さんになりたい」といいます。すると、神父がニコッと笑う。

そういう育ち方をしたわけです。それは別に悪いことではないのではないかと思われるかもしれませんけれども、よい子というのは、実は、裏を返すと、顔色を上手に見る子ということです。そして、まわりからよい子を期待されると意識せずによい子を演じてしまう。要するにわたしは心理学者がいう、いわゆる「よい子症候群」にかかっていたに違いありません。自分自身の本音の部分をいつも抑えてしまう。そして、まわりに合わせよう、合わせようとする。そうすると、まわりの人たちは、「この子はすなおだ。穏やかで、判断力もある。なかなか立派じゃないか」と見てくれる。だけど、自分自身の中ではいつも、どう期待に応えようかと、自分がどこかへいなくなってしまうわけです。そんな子でした。

三つ子の魂百までといわれるように、小さい頃に、身についたものはなかなか抜けないものです。中学生の頃になるとだれでも反抗期がありますけれど、それさえもよい子で乗り越えてしまったみたいです。高校に行っても大学に行っても、あいかわらず、人からよく思われたい、さすがと一目おかれたい、のよい子をつづけていたように思います。

大学を卒業すると同時にカトリックの修道会であるフランシスコ会に入会して、神父になる道を選択しました。昔、『汚れなき悪戯』という、パンと葡萄酒のマルセリーノの映画を観られたことがあるでしょうか。その映画に出てくる修道士たちで、茶色い、フードのついた修道服に白い縄の帯をして左側に大きなロザリオをかけている修道会がフランシスコ会です。そこにわたしは入りました。でも、修道会に入ってもわたしのよい子症候群は変わりませんでした。人からよく思われたい。さすがといわれたい。

子どものときから自分の性格のように身についてしまったものが大人になっても変わらないまま、神父になる道を選び、大学を卒業してからさらに哲学二年間、神学を四年間と、神学校で勉強をつづけます。そのときも同じように、よい子症候群のままでした。先生から認められたい。チャンスがあったら抜擢してもらいたいということばかり。だから、たしかに勉強もしました。まじめでした。自分をも、人をもいつわっている気はまったくないのです。自然にやっていました。そして、やがて卒業間際になり、「本田くん」と聖書学の先生から呼ばれて、「神父になったら、聖書研究所で働いてもらえませんか」といわれたときは、それはもう大変な抜擢だってことで、もう嬉しくて、ヤッターという感じでした。しかも仲間の同級生などにはそぶりも見せず、自分だけほくそえんでいるようないやらしい自分でした。そんな調子で神学校を卒業し、わたしは神父になりました。神父といえば、それなりの宗教家のはずです。その宗教家の一人である自分が、何とまあ、人の思惑ばかり、どんなふうに見てもらえるかといった、そんなことを気にしながら、自然と陽のあたるところを選んでいる。そんな神父だったわけです。

神父になると、教会でミサを捧げる資格をもらいます。日曜日のミサには、大勢の信者たちが参加します。そういう中でミサを捧げ、説教をする。ミサが終わったところで、みんなが寄ってきて、「本田神父さま、お説教がとてもよかったです」とか「目からウロコでした」といわれたりすると、もうこれが嬉しくてしょうがない。こんな宗教家ってなさけないと、みなさんは思われるかもしれませんが、現実に自分はそうでした。そして、次にはもっとみんながびっくりするような説教をしようとか、もっとほめられるような説教をしたいとか、そんなことを考えていた宗教者でした。

そのように、わたしはよい子症候群の神父だったのです。もちろん、「よい子」をめざすにはそれなりに努力もします。決められたことはきちんと守ろうというタイプです。ですからはた目には、信頼のおける人と見えたようです。わたしの所属するフランシスコ会の総本部はローマにありますが、全世界には九十いくつかの支部に相当する管区があって、その日本管区の責任者である管区長にわたしが選挙で選ばれてしまいました。さすがにこのときは、まずいぞとあわてました。宗教家同士の世界ですから、わたしの外づらのよさという、そのあたりはみんなが見抜いていると思っていたのです。人の心の表と裏くらい、せめて宗教家である仲間たちはわかっていると思っていたのですが、教会の宗教家たちも世間と同じ感性しかもち合わせていなかったわけです。外づらのよさに目をくらまされて、修道団の責任者にわたしを選んだのです。そのとき、しょうじき、わたしが何を思ったか。これで日本のフランシスコ会は駄目になる、腐っていく、です。本気で思いました。こんないい加減な宗教家が日本の責任者になったのです。

人の顔色ばかり見てしまうような、人の期待に合わせることしかしない、本心がどこにあるのか自分でも定かではない、ある意味で多重人格な自分。そして、結果的に自分を偽り、人の目を偽り、神を偽っている自分。そんなわたしが責任者に選ばれたのですから、宗教組織としてこれはもう駄目になって当然だと思ったのです。

皮肉なことに宗教組織というものは中身が少々いい加減でも外からはそれが見えにくい。修道服を着ていたり、ローマンカラーをしていれば、ふつうはだれでも、修業によって霊性を深めた宗教家と見るわけです。わたしが責任者になったことによって会の評判が落ちるわけでもなかった。教会の運営が妨げられるわけでもありませんでした。

そのあたりをわたしは内側から見て、宗教家としての自分がこわくなりました。自分をものすごく反省するようになったわけです。このままではいけない。本物にならなければ……。人によく思われよう、よく思われようとしている自分からなんとか解放されたかった。真剣に祈りました。

このよい子症候群の自分から解放されたい……。そのときからどれほど真剣に祈るようになったか。祈りによって必ず自分は変わる、自分のいやな性格から解放されるはずだと、必死に期待を込めて祈りました。一年……、二年……。だけど、自分は変わりませんでした。しょうじきなところ、自分がそれまであてにしていた祈りってこんなものだったのだろうか、と思いました。

いや、祈ったことは必ず神様が聞き入れてくださるのだ。自分が祈ったのとは違う形で、むしろよりよい形で実現していることもあると、教会は教えているのだ、祈ることは無駄ではないんだと、わかってはいるのです。だけど、自分がいますぐにも変わらなければならないにもかかわらず、効果がない。あせりました。ミサも真剣に捧げました。いやしと解放を願って祈りました。ミサの聖餐式というのは、カトリックの場合は実体変化です。ウエハースがまちがいなくキリストの身体に変わる、実体としてキリストの身体に変わる、そういう信仰です。だから、本物のキリストに変わったウエハースのパンをいただきます。聖書に書いてあるように、わたしを内側から触れていやしてください、と祈っていたのです。信じて、聖体をいただくのだけれども、わたしに変化はありませんでした。

修道者の場合、毎年八日間の黙想会に参加できるのです。ふだんの仕事の現場から離れて、ただひたすら祈り反省して、自分を見つめなおすのです。そのつど、どれほど祈り、自分を切り刻むぐらいに反省したか。だけれどもまったく変わらない。相変わらずよい子症候群の本田神父のままでした。努力しました。けれども、変わらなかった。

キリスト教って、「祈り、祈り」といいますね。祈りは神さまとの触れ合い、対話だ、と。しかしわたしは、祈りによっては、神さまと触れ合うことはなかったようです。自分のいやらしい性格はちっとも変わりませんでした。あいかわらずまわりを気にして、人に気に入られる道を選んでしまう自分のままでした。そこから解放されない。無理なのか……、とあきらめかけていました。だって宗教者が、祈りによっても、宗教のいろいろな儀式によっても、自分を変えることができなかったのです。

祈りや黙想、礼拝参加は、ちょっとした自分の見直しのためには、いいものです。だけど根本的な、本質的な問題にぶつかっているときには、祈りとか礼拝によるだけでは何も変わりはしない。

例えば、アフリカの飢えで苦しむ人たちのことを思い、民族同士が互いに殺し合う血みどろの戦いが行なわれていることを知って、「ああ、神さま、この人たちの苦しみを遠ざけてください」と祈ります。エイズで苦しんで亡くなっていく人たちが大勢いることを知って、「この人たちにワクチンを届けてください」と祈る。自分の目の前にいない人たちのために祈るとき、さいわいに祈ることの結果が見えないので、きっと祈りは届いていると思い込めるわけです。または、明日、バザーがある。「どうか、神さま、明日天気にしてください」と、子どもの遠足の前のてるてる坊主じゃないですけど、そういう祈りをする人もいたりして、たまたま快晴だったりすると、祈りが効いたんだ……。そんなレベルで祈りの効果を信じてしまっていた自分だったのか……。祈りでもって世界中の人と連帯できるというような独りよがりなことを考えていた自分。そんなことで、この自分のいやらしさから解放されたいという問題解決にはつながらなかった。イエス・キリストが祈りについて教えた、祈るとはどういうことかについて(マタイ七章21-23節、マルコ一一章22-24節)、わたしはまったく気づいていなかったのです。「よい子症候群」という、自分にしみついてしまったこの性格、人からよく見られたい、思われたいというこの自分、死ぬまでこのままか……と半分あきらめていました。

釜ケ崎でのある出会い

あるとき、釜ケ崎を訪ねました。管区長の務めとして、三年に一度、自分のもとにある会員の神父、修道士たちを視察訪問することが義務づけられているのです。フランシスコ会の場合、北海道から沖縄まで全国に二百二十名いて、それぞれの地域で教会を持っていたり、福祉施設を運営していたりするのですけれども、泊まりがけでそれらを回ります。釜ケ崎の「ふるさとの家」もその視察場所の一つだったわけです。大阪市西成区にある釜ケ崎というところ——西成区萩之茶屋一丁目、二丁目、三丁目、この小さな一区画でわずか〇・六平方キロメートルの広さです——、日雇い労働者の集住する街。そこをはじめて訪ねました。いまから二十年くらい前になると思います。新今宮の駅を降りて南側、大きな道路を渡ったところが釜ケ崎です。当時の釜ケ崎というのは、いまよりもずっとしんどい場所でした。

最寄りの駅、環状線の新今宮で降りて、地区内に入ったとたん、今思うと本当に恥ずかしいんですが、しょうじきいって、こわいという、そのひとことでした。ひたすらこわかった。階段をおりて駅の下に行くと、そこにはどろどろの毛布や布団が敷きっ放しで、カップラーメンのひからびた食い残し、あるいはワンカップ酒のからからに乾いた空ビン、焼酎の二合瓶などがころがっている。そこに、髪ぼうぼう、つめも伸びて、首筋はあかだらけの人が何人も横たわっている。はいている長靴は、かかとがすり減って穴があいていたり、ときどき小指が出ていたり、そんな状態でした。

降り立ったときに、うっと息がつまりました。広い通りをわたって地区内に入ると、道のほうぼうで、三人、五人と地べたにすわりこんだ人たちが酒もりをしています。その間をぬうようにして歩いていったのです。そのときわたしがどう思ったか。「ぜったいにこわがってるようには見られまい」ということでした。じっさいはびびりっ放しでした。肩は緊張し、目は宙に浮いていながら、ひっしに平気を装って歩いていく。「ふるさとの家」に着いて、仲間の顔を見て、ホッと安心しました。自分がどれほど差別的であったか、今は恥じ入るばかりです。安心したところで、もちまえのよい子症候群があたまをもたげます。「自分は宗教者だ。カトリックの神父だ。どろどろになっているこういう人たちにこそ、キリスト教を伝えなくちゃ」と、生意気にも考えるのです。このたてまえが顔を出すと、それに向かって努力してしまう。よい子症候群の特徴です。

今、着いたばかりなのに、いいかっこうをしたかったのです。平気な顔をつくって、すぐ目の前にある三角公園に向かいました。そこでは、労働者たちが一斗缶にぼこぼこ穴をあけて、廃材の切れっ端を突っ込んでたき火をしていました。あっちでもこっちでも輪ができている。宗教者なんだから、彼らといっしょにたき火にあたることで、「共に立つ」ことを示そうと思ったような気がします。公園の入り口まではたどり着きました。でも、そこから先はこわくなって足が進まない。簡単にあきらめて帰るのはプライドがゆるさない。どうしよう、どうしようと、うろうろしてしまったみたいです。いつのまにか公園中の労働者の目がこっちに注目していました。わたしの見栄張りもそこまで。恥も外聞もなくシッポを巻いて「ふるさとの家」に逃げ帰りました。そして、気持ちに整理をつけたのです。

よい子症候群のもう一つの特徴は線引きがうまいということです。こういうところの人たちと関わるには向き不向きがある。自分は向いてないんだ。人は、それぞれなんだ。わたしは専門の聖書学で自分の役割を果たしたらいいのだ、と。一度線を引くともう安心する。釜ケ崎の人たちは自分とは関係ないと開きなおったのです。それでもう心の負担もなくなって、自分に与えられた客間のベッドにひっくり返っていました。

夜の十一時過ぎぐらいでした。人の出入りする階下の音が気になりました。「あれ、何だろう」、「ああ、そうだ。きょうのスケジュール、いってたな。今晩、夜まわりをするとか」。でも、「自分には関係ないわ」と動く気になりませんでした。だけども、やっぱり気になるのです。「何ていわれるかな。修道会の責任者が視察に来ていながら、現地でやっている活動をいっしょにやらないのはおかしいって思われたらいやだな」と。ただもうそれだけでした。かっこうをつけるために夜まわりに参加したのです。でも、よい子症候群ですから、いやいや参加しているふうには見られまいとするわけです。それで何をしたかというと、部屋にあったたくさんの古着の中から、いちばん古そうなジャンパーを選びました。それを着て、念のいったことに、首に手ぬぐいまで巻きました。そして、足音も軽やかに、みんなのところに行くのです。集っていた人たちはこっちの期待どおり、さすが本田神父さん、という顔で迎えてくれたわけです。そんな自分がなさけないのですけれど、でもそのとおりでした。

リーダーの人が「だれか、リヤカーをお願いします」といったとき、わたしはここぞとばかり、「それ、わたしがやります」と、そういうことはふだんやり慣れてますって感じで積極性を示してしまう。でも、本心は「リヤカーの柄を握っていたら何もせんでいいわ」でした。

うまくリヤカーの柄をせしめて、さあ出発です。リヤカーには毛布が山のように積まれています。全国から、洗濯して送ってもらった毛布です。リヤカーにはほかに二リットル入りのポットが十本くらいのっています。そこに具の入っていない、あったかい味噌汁を入れてある。それと紙コップ。みんな慣れている人たちです。脇道ごとに、それぞれ毛布と味噌汁のコップをもって入っていって、寝息をうかがいながら、不安定な寝息だったらちょっと起こして、ことばを交わして、必要だったら救急車を呼ぶ。そうでなければ、毛布をわたし、味噌汁を飲んでもらう。

みんなが脇道に入っていって、わたし一人になって、リヤカーを引いて、向こうの十字路でみんなと落ち合う。わたしは一人、リヤカーを引いて十字路をめざしました。そのとき、道路わきの植え込みにだれかがうつ伏せになっているのが目にとまりました。ドキッとして、どうしようと思いながら、見なかったことにしようと通り過ぎかけたのです。だけど、もし夜まわりのメンバーが知っていて、聞かれたらどうしよう。ウソをつくわけにはいかない。ウソだけはつけないところがありました。それで仕方なしにリヤカーを下ろして、おそるおそる声をかけました。「すみません……、毛布いりませんか……」。一回、二回と声をかけても起きてくれない。こわくて遠くの方から、小さい声でいってるわけですから聞こえなかったはずです。いつまでもここにいるのはいやだ、早くケリをつけたいばかりに耳のそばまで口をもっていって、「毛布いりませんか」といったのです。いきなり耳元で声がしたので、その人がビクッとして、顔をねじ向けます。彼の瞬間的なその動きに、「アッ、殴られる」と、とっさに思いました。ほんとに申し訳なかった。思わず身をひいていました。だけど何も起こらない。おそるおそるその人のほうを見ると、なんと笑っていたのです。やさしい笑顔でした。そして、「兄ちゃん、すまんな、おおきに」といってくれた。わたしはその顔を見て、その声を聞いて、それまでの緊張がすっかり溶けて、ふわぁという解放された気持ちでした。人間って現金なもので、みんなが待っている十字路に行くまでに、もう一人くらい寝ていてくれないかなって、そんな気持ちでした。ほんとうに野宿の人に申し訳なく、また自分がなさけないのですが、現実はそうでした。

その後、わたしは東京に帰ってふだんの務めにもどっていましたが、あるときふっと気がついたのです。なんかいままでの自分と違う。だけど、なんだかよくわからない。まあいいかと流す。何日かたって、やっぱりなんか違うな……、何だろうと考えてみると、人の目が気にならなくなっているみたい。でも、まさか。ごく小さい頃から人の目を気にする自分で、そういう自分から解放されたいと願いながらも、半分あきらめていた。それがなぜか、「よい子」のおもしがなくなっているみたい。しばらくはわけがわかりませんでした。でもその解放感、気持ちの軽さは、釜ケ崎での野宿の人との出会いとかさなるものがある。ひょっとしたらそうかなとも思うのですが、いや、そんなはずない、とすぐ打ち消す。宗教者のわたしがあの人を元気づけた、解放してあげたというのなら、すんなり納得したと思う。たぶん「神さま、わたしを通してはたらいてくださってありがとうございます」といって満足したと思う。だけどもあのときは逆だった、あんなことでわたしが解放されたはずはない。たかが毛布一枚を渡すことしかできなかった。けれど、彼はそれを受け取ってくれた。それも、「すまんな、おおきに」とねぎらいのことばまでかけてくれた。でもそれだけ……。そんなことでわたしの長い人生の重荷が解かれたとはとても思えない。だから信じられなかった。

しかも、釜ケ崎で生活する中でわかってきたのですけれども、「せっかく寝てるときに、いちいち起こさないでくれよ」という労働者もいるのです。二時間でもいい、三時間でもいい。前の晩、寝ることができていたら、次の日、仕事があったときに安心して行ける。たとえどんな現場でも、高い足場に登るような仕事であったとしても、前の晩、寝ていたら、もちこたえられる。冬場は、一度起こされたら、毛布一枚もらったぐらいじゃ寒くて寝つけないから、結局は、寒さをしのぐために、とことこ、とことこと歩きつづけるわけです、朝、太陽が昇るまで。もちろん、その日、仕事はむりです。ほんとうは寝息で安否をたしかめて、黙って毛布をかけるぐらいでよかったのです。

でも、あのとき、あの人のことばと笑顔でこちらが元気づけられたのはたしかです。わたしがびびっていたことをすぐ見抜いて、安心させようと、「すまんな、おおきに」とねぎらってくれたのも事実です。

わたしはそれまで、当然、信仰を持ってるわたしが神さまの力を分けてあげるものだと思いこんでいた。教会でもそんなふうなことしか教えていなかった。だけど、ほんとうは、違うんじゃないだろうか。じっさい、わたしには分けてあげる力なんか、なかった。ほんとうは、あの人を通して神さまがわたしを解放してくれたのではないのか。そんな思いがわきあがってきたのです。

でもその時点では、まだそれが腑におちてはいませんでした。それで、物は試しと思って、思い切って、山谷に行ってみることにしました。わずか三日間でしたけれど、わたしにはかけがえのない三日間でした。知人の口ききで、生まれてはじめて日雇いの仕事に行かせてもらいました。見ず知らずの東北出身の労働者と組まされて、南千住から電車に乗り、現場に行きました。基礎工事の現場で、どろどろの土を二メーターほどの高さにある地面に、スコップだけで放りあげる作業でした。その労働者は無口でおそろしげな顔つきでしたが、いろいろ気づかってくれているのがわかりました。あまりにわたしが下手くそなので「お前、邪魔だからそこへ立ってろ」と怒るようにいわれて、わたしはどうしていいかわからず、そばに立っていたら、彼が黙々と二人分、その泥あげをしてくれた。夕方五時前に監督が来て作業を見、封筒に入った賃金をくれます。労働者の彼の方に二つの封筒をポンと渡す。ほとんどわたしは仕事らしい仕事もできず、彼の邪魔ばかりしていたので、わたしの分は彼が取ってあたりまえかとあきらめていました。でも彼は一つの封筒を開けもせずに「オゥ、これ、お前の分や」と渡してくれた。えっなんで、と胸があつくなりました。なんでそうしてくれるの、と。

そして、電車に乗るとき、彼がまわりの乗客にどれほど気をつかっているかに気づきました。泥上げをしてどろどろになった二人ですから、いくら、現場の架設水道ではねた泥を落としても、たいして効果はありません。帰りの電車は夕方のラッシュアワーです。混んでいるのに、よごれた二人が乗り込むと、スーッとまわりに空間ができる。吊り革に手を延ばすと近くの人がスーッとよけてくれる。二人の前の席が空いても、だれもそこに座ろうとしない。わたしも彼にえんりょして、座らない。そのうちに二人分あいて、二人とも座れると思ったら、彼がさっと、二人分あいたその真ん中に座るのです。両側をあけて、膝をピチッと合わせて緊張した感じで。両わきの人をよごさないように気をつかっているのです。そのうち疲れて彼も居眠りがはじまる。他の勤め帰りのサラリーマンたちも居眠りしている。彼は気づかいから両側を空けていたせいで、閉じていたひざがだんだん開いて、体も横に崩れてきました。途中から乗ってきた人は眉をしかめて、「こんなに混んでるのに偉そうに二人分、席をとりやがって」という目で見ます。社会の目というものは、これだった……。彼がどれほど気をつかって二人分の席が空くまで待っていたか、思いもおよばずに偏見をかさねていくのです。

痛みを知る貧しく小さくされた人というのは、こんなにも思いやりのある人だった、ということにようやく気がつきました。釜ケ崎での夜まわりのときのわたしのびびりかげんを、あの野宿の労働者は、起こされたとき、パッと見抜いてしまったんだと、それがはっきりわかった。こっちを気づかって「兄ちゃん、すまんな、おおきに」とねぎらいのことばまでかけてくれた。もしかすると、こういう人が、人を解放する力、元気づける力を持っているのかもしれない。ひょっとすると……と、思うようになりました。

キリスト教徒としてずっと教わってきたことは、「わたしたちは信仰を持つことによって神さまからお恵みをいただいてます。それをおすそ分けするのです」というものでした。けれども、ほんとうのところは、どうだったでしょうか。信仰を持つ自分が、いろんな知識を蓄えるチャンスを与えてもらっていた自分が、学問をさせてもらっていた自分が、ある意味で社会的にもそこそこ評価されるような立場の自分が、果たしていままで、だれかの解放につながるような、ほんとうの意味での、心の根本の、救いにつながるようなはたらきをすることができていたのだろうか。そこまで問い直すようになりました。

力は弱さの中にあってはたらく

日雇い労働者に限らず、生きていく中でほんとうにつらい思いを日常的にしいられている人たちこそが、人を解放するパワーを持っているのではないか……。しかし、まだ納得がいきませんでした。自分は聖書を専門に勉強させてもらって、神学生たちに聖書を教えてもきた。聖書のことはおおよそおさえているつもりだ。聖書には、そうは書いていなかったはずだ。救いと解放は、イスラエルの民からすべての民へ、新しい選びの民である教会から社会の人たちへ、つまりクリスチャンからノンクリスチャンへということのはず……。教会も、そう教えてきた。ですから、かんたんには納得できませんでした。けれども、わたしの場合は、じっさいに逆だった。だから、ひょっとすると聖書の読み違いでは……。それで、本気で、創世記一章1節から聖書の読み直しをはじめました。てっていして原文にこだわり、従来の訳や神学に引きずられないように、旧約はヘブライ語原典、新約の方はギリシア語原典を、面倒くさいけれどもあえて辞書を引き引き読み直してみました。すると、たしかに「イスラエルの民から他の諸国の民へ」ということ、これはまちがいはない。そして、「教会から教会の外へ」、これもまちがいはない。しかし、そこでいわれているイスラエルの民とは、どんな状態の民だったのか

(申命七章6-8節)、そこに注目してこなかった、教会を構成していたメンバーたちとはどんな立場におかれた人たちだったのか(Ⅰコリント一章26-29節)、それを重視してこなかった、ということに気づかされたのです。

例えばコリントの人々への手紙二にあるパウロのことば、「力は、弱っているときにこそ発揮される。……わたしは弱っているときこそ、力が出るからです」(一二章9-10節)が、聖書に一貫して語られる神の力のはたらきかたを要約したものであったことに気づかなかったのです。神が全人類を救うための救済プランで、いちばん重要な役割を果たす「選び」が、どういうものであったかに注目しなおさなければなりません。例えば申命記七章6-7節ですが、これはある意味で神の救いの歴史の中での、選びの神学における基礎資料で、そこにはこう書いてあります。「あなたは、あなたの神、主の聖なる民である。あなたの神、主は地の面にいるすべての民の中からあなたを選び、御自分の宝の民とされた。主が心引かれてあなたたちを選ばれたのは、あなたたちが他のどの民よりも数が多かったからではない。あなたたちは他のどの民よりも貧弱(小数)であった」からである。

神はなぜイスラエルの民を選んだのか。それは彼らがどの民よりも貧弱であったからだということを、はっきりさせている。ここでいわれている選びの理由は、ただ一つ。いちばん貧しく小さくされていたということです。洗礼を受けているか、ユダヤ教の割礼を受けているか、などは関係ないのです。神は、いちばん貧しく小さくされている者を通して、すべての人を救う力を発揮される。そのための選びだというのです。

ここで、数が多い、数が少ない(貧弱)というのは、ただ、人数のことをいっているのではない。当時の遊牧文化の中では、人数が多いことがすなわち力であり、戦闘においても、社会的にも優位を保障するものであり、ゆたかさでした。それに対して数が少ないことは、貧しく小さくされているということで、まさに新共同訳が訳したように「貧弱」さをいっているのです。貧弱だったから、あなたたちを選んだ、といわれている。神は人が貧しく小さくあることをよしとしているのではありません。貧弱だからこそ、神がご自分の力をその人たちに託し、自分たちが貧しさ、小ささから立ちあがって、まわりの人々を解放しつつ、共にゆたかになっていけるように定めているということです。

そして、じっさい、救いの歴史そのものを振り返ってみたとき、そのことがもっとはっきり見えてきます。歴史を推し進めた人たちは、例外なく貧しく小さくされた者でした。アブラハムはほんとうの「寄留者(＝難民)」でしたし、モーセは追手をかけられた逃亡者でした。あのダビデも、「エッサイの子」と呼ばれ、時の王から追手をかけられ、逃げまわっていたとき、そのように小さくされた者であったときには預言者たちが注目し、神のはたらきの担い手としての役割を果たしていた。しかし、王となって、軍隊を持ち、他の国をも制圧する立場に立ったとき、預言者はみんなそっぽを向く。もはや、イスラエルの民は選ばれた民としての位置づけを失う。そして、バビロンの捕囚というつらい立場に立たされたとき、ふたたび預言者たちが注目する。「闇の中に光が輝いた」と、イザヤが語り出すわけです(イザヤ四九章1-6節)。やはり神の力は、貧しく小さくされている仲間たちを通してはたらくんだ、そういう仲間たちを神はいつも選んでいるんだ、それが神の選びだと、納得するようになりました。

「力は、弱っているときこそ発揮される」。弱さの中にあってこそ、力は十分に発揮される、とはふつうの社会の価値観からいえば正反対です。力のないものが、なぜ人を助けることができるのか、ふつうはそう考えます。しかし、福音の価値観は逆だったのです。だれもが、助けてあげなければ、介護してあげなければ、と思うその人こそ、人を生かすことができる。ボランティアをする側の人たちよりもまちがいなく神の力を伝えるパワーを持っている。だから、このことを真剣に受けとめて、尊敬の心をこめて関わらせてもらったときに、そのように関わらせてもらうことによって、こちらにもその力を分けてもらえる。

神の力、人を生かす力とは、こちらが元気だから、元気を分けてあげられるというようなものではない。人の痛み、苦しみ、さびしさ、悔しさ、怒り、それがわかる人だからこそ、人を励ますことができる。「よし、もう少し頑張ってみよう」という力を、その人の内に引き起こさせる。聖書に書いてあるのはそういうことだったのです。ところが、いつのまにかキリストの教えが宗教という枠組みをとるようになって、やたらに上から下にという権威主義的な発想にずれ込んできていたのです。持っている人が持っていない人に、強い人が弱い人に恩恵をほどこすのを良しとする風潮になっていきます。これを「分かち合い」といえば、いいこと、美しいことのようにひびきはします。

では、何も持ってない人の尊厳はどうなるのか。持ってない人はもらうだけなのか。ただ、ありがとうというだけなのか。キリスト教とは金持ちの宗教なのかという話になってしまう。持っているからあげてください。元気だから病気の人を励ましてあげてくださいといわれる。ならば、病気で、貧しくて、年老いていたら、みんなのお荷物になるだけなのか。みんなの哀れみとほどこしの対象で終わりなのか、ということになる。キリスト教ってそんなものだったのか。そういう大きな疑問が出てくるわけです。ところが、原典をたどってみると、そんなことは書かれていないのです。ひとことで要約すれば、力は弱さの中にあってこそ十分に発揮される、と書いてある。つまり貧しく小さくされた人たちのいつわらざる願いを真剣に受けとめ、その願いの実現に協力を惜しまないときに、人は共に救いを得、解放していただける。それが神さまの力だということです。

福音は宗教を超えて

イエスが十二人の弟子を派遣したときに、まず最初にいちばん貧しく小さくされている仲間たちのところへ行くようにといいます。マタイ福音書一〇章5節以下です。まず「打ちのめされた羊たちのところへ行きなさい」。その並行箇所であるルカ福音書を見ると、「途中では、だれにもあいさつをするな」(ルカ一〇章4節)とまで、優先順位を強調しています。次に、何も持たずに行け、と命じます。金貨も銀貨も銅貨も持たずに。「何も持たなくて何ができるのか」とふつうだったら思います。さらにイエスはいいます。ただ「蛇のように感性するどく、鳩のように率直に」(マタイ一〇章16節)、それだけを自分の武器にしなさい。それは貧しく小さくされた者たちが共通して持っている身を守る術なのです。「蛇のように賢く、鳩のように素直に」ではない。蛇のように感性するどく。原語 φρονιμοι には、賢いとか、頭がいいというニュアンスはない。感じとる敏感さのこと。蛇というのは腹ばいで動き、体全体を触覚にしていて敏感な生きものです。鳩のように率直に。原語 ἀκεραιοι は混ぜものをして薄めてしまうようなことがないという意味ですから、相手に合わせてしまう素直ということではなく、正しいと思ったことをそのまま口に出す、飾り気のない率直ということでしょう。

イエスはさらにもろもろのことを告げた後、こういいます。「預言者を、預言者とみとめて受け入れる人は、その預言者と同じむくいを受け、解放をこころざす人を、解放をこころざす人とみとめて受け入れる人は、解放をこころざすその人と同じむくいを受ける。この小さくされた者の一人を、わたしの弟子とみとめて、よく冷やした水一杯でも差しだす人は、はっきり言っておくが、わたしの弟子であるその小さくされた者と同じむくいを受ける」(マタイ一〇章41-42節)。つまり、イエスがまちがいなく、わたしたちのために派遣してくれているのは、その十二人の弟子たちに代表されるような、貧しく小さくされた者たちであるということです。イエスを筆頭に、罪人の仲間と見下げられる者たちが、当時の社会の周辺に追いやられていました。その人たちこそ福音を伝える者、イエスが派遣した者であり、その人たちこそ預言者であり、解放をもたらす義人なのだ、とイエスはいうのです。ほかの人たちはそのつもりで関わってください、貧しく小さくされている人たちの真の願いをまじめに受けとめ、ゆとりとゆたかさを共有できるようになるために協力してください、と。そうすれば、別にあなたが貧しくなる必要はない。貧しくなる競争などしなくていい。小さくなる競争をしなくていい。ただ、自分ではなくてこの人の持つ感性のほうが本物だという、そういう関わりをしてください。それができたなら、イエスから派遣されたその弟子が受けるのと同じむくいをあなたも受けられると、こういわれるのです。

わたしがクリスチャンだから、わたしを通して神ははたらいてくださる、さあ、伝道に出かけよう、恵みを分けてあげましょう、と早とちりをするなということです。熱心なクリスチャンにはそういう人が多いのです。わたしも、よい子症候群のあいだは、実行はともかく、そうしなければと思っていました。だけど、思うわりには行動にとまどいがある。自分の内に注ぎだすものがないとわかっているからです。

現実は、こうです。お医者さんも手をうち尽くした病状の友人がいて、友達だからってことでお見舞いに行ってあげたいけれども、どう声をかければいいんだろうと悩むことがあります。それでもおそるおそる病室を訪ねたとき、病人の彼が、ニコニコ笑って「ああ来てくれた……」って、「ありがとう」といってくれたりすると、すごくホッとしますよね。これ、いったいどちらが励まし、慰めていることになるのだろう。そんな経験、だれでもあると思います。そして、気づかされます。こちらが元気だから元気を分けてあげられるというのは、嘘なんだなあ、と。大事なのは、どのくらい自分がその人の痛み、苦しみ、さびしさ、悔しさ、怒りにひびき合えるか、共感、共有できるか、それにかかっているのだ、と。いま現在、そのしんどい状況にある人が、人を勇気づけ、励ます力、解放する力を持っているのだ、と納得するに至りました。聖書を読みなおして、自分が根本のところでズレて理解していたことに気づきました。教会をあげてズレてしまっていたことに気づいたのです。だから教会と共に教える側にいた自分にも責任があると思いました。

それで管区長の六年間の任務を終わり、もし新しい赴任先を選べるなら釜ケ崎に行きたいということで、それを認めてもらい、わたしは釜ケ崎に赴任しました。釜ケ崎に来て一年、二年、三年と経つうちに、ほんとうの意味での元気、ほんとうの意味でのいのちのわくわく感は、だれがもたらしているかということがはっきりと見えてきました。助けてあげているつもりの当の相手の、えんりょがちな、なにげないしぐさや表情から、こちらが充実感や明日を生きなおす元気をもらっているのは、まぎれもない事実でした。

そういうことに日々気づかされたおかげで、わたしは神父でありながら、教会の信者をふやそうという発想は、これっぽっちもなくなりました。ときどき、「本田さん、あんたは信用できる。あんたの宗教だったら、わしも入ってもいいと思う。洗礼ちゅうのをやってくれよ」といわれることがあります。そんなとき、たいていわたしは「洗礼は受けない方がいいんじゃない。信者みたいなもん、ならん方がいいよ」という。なぜ、そんなことをいうかといえば、釜ケ崎で洗礼を受けたという人を何人か知っていますけれども、そういう人の中に、かつての仕事仲間、かつての野宿仲間を「あいつら」と見下げる人が少くない。「なんでそんないい方をするの？　仲間じゃない」というと、「いや、わしは洗礼を受けてるからボランティアの側や」というわけです。信者になったことで、洗礼を受けたことで、人としての大切な感性をゆがめたり、場合によってはなくしてしまっていたようです。そういうこともあって、わたしはいっさい洗礼を勧めません。むしろクリスチャンであるわたしたちこそ、もっと人の痛みに敏感になって、人間らしい人間になるために、この仲間たちから教えてもらわなければいけなかったんだと思うようになっています。

釜ケ崎に来てからですけれども、宗教はどれも限界があるな、と強く感じています。わたしたちが後生大事にしてきたキリスト教、わたしの場合、カトリックですけれども、それも限界があり、ときとして大きな害をもたらしている。考えてみれば、イエス自身、一度もクリスチャンになったことはないはずでした。なぜ、わたしたちはイエスをキリスト教の創始者であるかのようにとらえるのか。彼は十字架の上で死ぬまでユダヤ教徒でしたし、弟子たちもイエスが復活した後、聖霊降臨のできごとの後も、自分たちはユダヤ教徒であるという自覚を持って、ユダヤ教の会堂をまわっていたわけですから、ユダヤ教徒のままでいたに違いない。それを、世間の目から見て、あいつら、「クリスティアーノイだ」って、(これはラテン語をそのままギリシア語の文字に移したことばですが)いわれるようになったっていうだけの話です。それは「キリスト派」という意味で、ユダヤ教の中の一派ということにほかなりません。「キリスト教徒と呼ばれるようになった」というのはまちがいでしょう。

宗教としてのユダヤ教の枠を超えるべきであることを訴えるために、イエスはユダヤ教の教師たちに向かって「偽善者」とか、「白く塗った墓」などと、きびしいことをいっていたわけです。ユダヤ教(律法)をすてて、キリスト教に入れといったのではありません。ですから、わたしたちが宗教としてのキリスト教にこだわっている限り、同じ轍をふんでいるにすぎず、福音にはなかなか踏み込めないだろうと思います。それよりも、もともと宗教というものは自分にとって居ごこちがよければそれでいいと考えるべきです。大事なのは、どんな立場にある人も福音を実践することです。そして福音を、「喜びの知らせ」というように漠然ととらえるよりも、貧しく小さくされている人たちを通して神がはたらかれることを信じて、その人たちの痛み、苦しみ、さびしさ、悔しさ、怒りを共感、共有しながら、その人たちに連帯する、そこが出発点になるだろう。じっさい、わたしたちのまわりには、いつもそういう仲間がいます。痛みを共感し合える仲間こそ、ほんとうに信頼できる仲間であり、そこに安心感が生まれるのです。そういう仲間たちの方が、「神父さま、お説教よかった」といってくれる人が何千、何万人いるよりも、やはり力になる。

福音は普遍的なものです。何々教という特定の宗教の人に向かって、福音を生きなさいとキリストがいわれたわけではない。すべての人に向かっていわれたのです。イエスの時代にもさまざまな宗教があったわけで、その人たちに向かっても福音を生きなさいといっているわけですから。

聖書に、「福音を宣べ伝える」ということばがよく出ます。多くは「ケーリュッソー」というギリシア語です。これをふつう「宣べ伝える」とか「告げ知らせる」と訳していますが、正しくは「身をもって告げ知らせる」です。今、わたしは福音についてベラベラしゃべっている。これなどは決して御ことばを伝えていることにはならない。単なる能書きをたれているだけです。大事なのは「身をもって告げ知らせる」ことです。そしてそれは、受肉していなければできない。受肉してはじめて説得力のある「ことば」になり、実質的なコミュニケーションを可能にします。だから、しゃべるということは、耳の不自由な人にとっては、読唇術にたけていないかぎり、何の意味もないし、書かれた文字にしても、目の不自由な方にとっては何の意味もない。要するにしゃべったり、書いたりすることばだけなら、それは薬瓶に貼ってある能書き、効能書き程度のものでしかない。生きざまをもって語る、「身をもって告げる」ことができてはじめて、福音を、御ことばを告げ知らせることになるのです。その国の国語を知らない人たちにも伝わるのです。

聖書のことばを暗記しておいて、何かしらチャンスがあったら差しはさもうっていう、そういうのは、御ことばを宣べ伝えることにはなりません。福音を告げ知らせることにはなりません。やはり、受肉してこそはじめてみんなに通じる「ことば」になるのです。神の子も受肉してはじめて、ナザレのイエスとなってはじめて、御ことば、神のことばといわれるようになったのです。ですから、ヨハネ福音書序文のある解釈、つまり永遠のはじめから抽象的な理念（ロゴス＝ことば）として存在していた方が受肉して人間になったという、そういう解釈があまりにも一般的になっていますけれども、実際にはそうではない。永遠の神の子である方が受肉して、わたしたちに理解可能な状態、すなわち「ことば」（ロゴス）となって、神を「身をもって告げ知らせ」てくださった、と解釈すべきです。そして、「ことば」となられたこの方は、はじめから神の御前におられた方で、神であった、と告げているわけです。そのことをヨハネはいっているのです。ですから、「御ことばを宣べ伝える」も「福音を告げ知らせる」も、しゃべる説教とか聖書べんきょう会などは、あくまでも補足的なことであり、生き方に受肉させて、ことば化されてはじめて、実践したことになるということです。

すべての谷は身を起こせ

石切の手間賃で生活するしかなかった、貧しかったイエスのことです、少しでもゆとりのある生活を求めていたに違いありません。「食い意地の張った酒飲み」と人々からいわれるイエスでした。「貧しいことは良いことだ」とか、「小さい者でいることは謙遜の証しだ」というような発想がイエスから出ることはない。第一、イエスは謙遜やへりくだりの模範を示したことはありませんでした。むしろ、低みからいかにして立ち上がるべきかということを示しつづけたのでした。

今から二千五百年以上も前の、聖書のことばですが、「谷はすべて身を起こし、山と丘は身を低くせよ」(イザヤ四〇章4節)というのがあります。低い谷に向かって、まず身を起こせといい、次に高くそびえる山や丘に身を低くせよ、というのです。凸凹を直そうと思えば、でっぱってるところを削り、低いところに埋めてやるというのが合理的で、普通一般の常識です。けれども、救いとか解放、人間が人間らしく生きられるようにするには、順番が逆だということです。

谷である人たち、しんどい思いをしているその人たちこそ、神さまと同じ感性をいただいているんだ。その人たちが願っていることは、理屈はどうであれ、とにかくみんなが協力して実現するにふさわしいことなんだ。だから、谷は身を起こしなさい。自分がこうありたいと願うことを堂々と意思表示していいんだよ。そうしてはじめて、高みから人を見おろす山や丘である人たちも協力の必要に気づくようになるのだと、そういうことです。「余分に持ってるからあげたらいい」ということではないのです。二畳一間に暮らしている人にダブルベッドは無用です。まずは谷である人たちの小さな声に耳を傾けることです。身を起こそうとしている人たちの必要に応える姿勢が大事です。谷の人々の立ち上がりを受けとめることができたとき、山や丘の人たちも解放され、何に協力すべきかが見えてくるということです。これがいちばん大事なことのような気がするのです。

痛みを共感、共有する

あるとき、一人の野宿の労働者と立ち話をしていました。その人は、かつては羽振りのいい、とび職だった人です。釜ケ崎でとびの職人というと、ランクがすごく上なのです。その人が現場の事故で腰を痛めて、働けなくなった。ふつうの土方の仕事もできなくなってしまった。アルミ缶集めでかろうじて食いつなぐしかない。歩いて歩いて、堺市の方まで、さらに松原市の方まで台車を押して集めに行く。そして、足の裏に魚の目がいっぱいできて、歩くのもままならなくなってしまった。魚の目って、わたしも子供のころできた記憶がありますが、足の小指の横っちょにできるもんだと思っていました。その人は、土踏まずにまで魚の目ができていました。しんのあるやつで、踏むとちくっと痛い。両足にそれぞれ五つも六つもできていました。五、六歩、歩いては足を浮かせて、そのようにしてアルミ缶を集めていたのですが、やがてそれもできなくなってしまいました。

その人と立ち話をしていたときのことです。向かいの歩道を一人の、三十代か四十代ぐらいの、まだ若い労働者が、もうパニクッた状態で、「わあー」と叫びながら歩いてきました。前ははだけているし、ズボンもずり落ちている。様子がふつうではありません。わたしは「ああ、切れてしまったんだ……」と思いながら、ずっとその労働者を目で追っていました。しゃがんでわたしと話をしていた彼も、ずっとその労働者を見ていたのですが、ふっとわたしの顔を見上げて、こういいました。「わしな、ああいうの見ると涙が出るねん」。そして、目をうるませていたのです。わたしはハッと胸をつかれました。神父であるわたしよりも、彼の方が深く痛みを共感し、キリストの心をゆたかにもっていたのです。そのとき自分を恥じました。福音を実践していたのは、わたしではなく彼だったわけです。

洋の東西を問わず教祖と呼ばれるような方たちは、すばらしい共通点を持っているような気がします。痛み、苦しみ、さびしさ、悔しさ、怒りというものにきわめて敏感で、何とかしなければという思いで行動を起こされ、そしてそこに同じような思いの人が自然に集まってきて、いっしょに働くようになったようです。親鸞の場合もそうでしょう。イエスの場合もそうでした。別に宗派をつくろうなどと思ってはいなかった。ただやむにやまれぬ、はらわたを突き動かされるところから動いていく。それにひかれて、「そうなんだ」、「そのとおりだ」という思いから、仲間ができていく。それがいつしか一つの教団になってしまうわけです。ひとたび教団が形成されてしまうと、こんどはそれを守っていくためにどうするかということに、エネルギーを使うようになって、肝心の痛みの共感による救いの力、解放のパワーをみずから失っていく。これは残念なことです。

いまこそわたしたちは、それぞれ自分たちが大事に思っている宗教の、さらにその源泉に立ち帰ることが必要だと思います。そして、人の痛みを素直に、敏感に受けとめ、共にひびき合える自分になれたとき、そのときあらためて、神さまの力が自分をとおしてもはたらいてくださるようになるに違いありません。さらにいえば、そういう自分に変えてくれるのは、神による奇跡ではなくて、やはり痛みを知る人々との関わりをとおしてなのです。神さまのはたらきは必ず人をとおしてなされるのだと思います。キリスト教を生み出したその源泉も、たどりたどっていちばん根っこのところにいけばそうなのです。だから、痛み、苦しみ、さびしさ、悔しさ、怒りを抱えている人たちに、友達として受け入れてもらえるようになることです。そのことをとおして、共にひびき合う心を持たせていただくのです。そういう関わりができるようになったとき、わたしも神さまの力の担い手になれるのではないかと思っています。

わたしは「ふるさとの家」で散髪をしています。野宿をしいられている人たちの散髪です。なぜ、そうするかといえば、現在、デフレでいろいろな物価が安くなっています。百円ショップへ行けば、何百円もしそうな物が百円で買える。中には消費税をとらない店もあったりする。良い物がほんとうに安くなっている。物価が安くなっただけではなく、労賃も安くなっている。そんな世の中で、なぜか散髪代、これはまったく安くなっていないのです。わたしがしているような、こんな坊主頭でさえ、いちばん安いところを探しても千百円とられます。釜ケ崎は、仕事に行けずに野宿して、アルミ缶集めでなんとかしのいでいる人たちが二千人はいるでしょう。大阪市の調査によれば、野宿生活をしている人たちは、市内に六千六百人。その人たち一人ひとりの稼ぎを平均すると、一日三百円から五百円です。例えば多い方をとって五百円としても、ホカ弁一個買えば三百二十円です。あといくら残りますか。カロリーを補うために張り込んで一合の焼酎を百円で買えば、あと何十円しか残らない。散髪するお金などは、どこをひねっても出てきません。ですから、人によっては、自分で自分の髪をハサミでちょきんちょきんと切っている。着ているものがこざっぱりしたおしゃれなものでしたら、髪型が少々かわっていても、それはそれでおしゃれかなと見てくれるかもしれません。でも、着たきりのよれよれの作業着で、頭がトラ刈りだったら、こんなみじめなことはありません。髪がボーボーして、作業服の替えも持たずに朝の労働センターに行ったら、たとえ仕事はあっても、手配師にそっぽを向かれてしまう。野宿つづきのやつをやとっても仕事にならん、と思われるわけです。せめてわずかな仕事でもあるときに、すっと雇ってもらえるように、そのお手伝いをということで、散髪をするようにしたのです。週に四回、一回に三十人くらいしますから、ひと月に五百人の頭をいじらせてもらっているわけです。

散髪をしてもらうあいだは、だれもが安らかな顔になり、口もほぐれるみたいで、打ち明け話を聞かせてもらうこともよくあります。散髪やっている横から、話しかけてくる人もいます。「本田さん、わしな、三日間パンの耳と水だけやねん。毎朝センターに行くけど、どこも『顔付け』であいてにもされん。恥しのんで市更相(野宿者のための福祉窓口＝市立更生相談所)行ってんけど、あんた、年いくつと聞かれて、五十三ていうたら、あんた、まだ若い。まだ働けると、これや。仕事ないから何とかしてと相談行ってるんやないの。そやのに、けんもほろろや。どうしたらええ？」と。「どうしたらええ」といわれても答えがない。神父らしくミサを捧げ、説教はできても、「ううん、どうしよう」とため息つくばかりです。

そのとき救け舟が出ました。散髪の順番を待っていた年配の労働者が、話をそばで聞いていて、口をはさんだのです。その相談の人に向かって、「兄ちゃん、あんな、わしらもいっしょやで」とたった一言。わしらもいっしょやで。そうしたら半分パニクっていたその労働者が、その先輩の労働者をうっとにらんで身構えたように見えました。けんかでもはじまるかと、そばではらはらしていたんですが、意外にもその労働者はくるっと背を向けて、帰って行くのです。去りぎわに、ボソッというのが聞こえました。「そうか、おっちゃんもいっしょか。ほな、もう少し頑張ってみるわ」。

宗教者、神父であるわたしには、その人を元気づける力などなかった。しかし、同じ苦しみをきちっと耐え抜いて、なおかつ高齢のハンディをしょっていた年配の人には、それがあったのです。「わしらもいっしょやで」という、たったその一言が、「よし、じゃあ、もう少し頑張ってみよう」という、立ち上がる力をわき出させたのです。

ちなみに、旧約聖書のイザヤ書、ほぼ二千五百年ほど前にヘブライ語で書かれたものですけれども、そこに「慰めよ、わたしの民を慰めよ」(イザヤ四〇章1節)と書かれています。バビロンへの捕囚の苦しみにあった民を慰めよといっているのです。だれだって人には善意というものがありますから、弱っている仲間を慰めてやりたいという気持ちはあります。しかし、仲間の状態が悲惨であればあるほど、どうやって慰めたらいいか、おろおろしてしまうものです。それが現実ではないですか。ヘブライ語で、「ナッハムー　ナッハムー　アンミー」。「ナッハムー」という語の本来の意味がヒントを示しているようです。ヘブライ語辞典などによると、"to have compassion with" となっている。すなわち、「痛みを共感、共有する」こと。慰めるという「ナッハムー」の本来の意味は、そこにあるということです。だれかを慰めたいと思うとき、どういうことばをかけようか、どんなアドバイスがいいのか……といった方に頭がすぐいってしまう。でも、本当の意味で慰めようと思うなら、その人の痛み、苦しみ、さびしさ、悔しさ、怒りをコンパッション(共感、共有)しなさいということのようです。「そうだよな、つらいよていかずにすぐに寄り添って、慰めたり、励ましたりしてくれる。けれど、自分の生活があまりにも楽過ぎたり、貧しく小さくされた人たちを日ごろから軽んじて視野の外に置く習慣がある自分であったりすると、なかなか「コンパッションする」というところまでいけない。ふだんの生活の姿勢が大事です。

家族の中に障害をになう、だれかがいる、あるいは病気がちのお年寄りがいる。それだけでもずいぶん違うものです。家族の中にそうした小さくされた、だれかがいると、まわりの家族の者は自然とその人の気持ちを感じとる敏感さ、聞きとる姿勢を身につけるようになっていくでしょう。あるいは、同じ教会につらい立場の人がいて、ふだんからその仲間に気を配るようにつとめている人には、教会の枠の外に、もっとつらい思いをしている、もっとしんどい思いをしている人がいたときに、「コンパッションする」ことは、そうむずかしくはないはずです。痛みを共感、共有することこそ、その人を慰めることなのだということです。

ギリシア語では、「慰める」と「励ます」は、同じ「パラカレオー」です。「そばに呼んであげる」という意味です。「慰める」も「励ます」も、何かを与えることではなさそうです。慰めるために知識が必要なわけではない。何かしら方法論やテクニックがあるわけではない。大事なのはそばにいてあげて、そのしんどさを共感、共有すること、いっしょになって腹を立てることができるということです。いっしょになって悔しがる。

そのとき、その人本人の内から力がわきあがる。それこそが大事なことなのではないかと思います。

相手の立場に立てると思うな

釜ケ崎に来て、わたしが学んだことの中で、ぜひみなさんに伝えておきたいと思うことがあります。それは「相手の立場に立っていると考えない方がいいよ」ということです。ボランティアの世界に限らず、宗教の分野においても、どこの世界においても、相手の立場に立って考えよう、とあたりまえのようにいわれてきました。そのためにみんなが努力をしてきたわけです。そして、つい、相手の立場に立ったつもりになって、こうしてあげよう、ああしてあげようとなるわけです。そのとき相手がそっぽを向くとか、「よけいなことするな」といったりすると、ムッとして、「素直じゃない」とか、「せっかく相手の立場に立ってあげているのに。こういう人たちはどこかねじけているんだよ」といったような差別的な偏見を、かえって自分の中に培ってしまうのです。それはみんな、相手の立場に立ったつもりでやってしまうからではないかというのが、わたしなりの結論です。早い話が、男性は女性の立場に立てないではないですか。想像し、思いやることはできる。でもその立場には立てない。女性も男性の立場には立てない。親は子の立場に立てない。子は親の立場に立てない。ボランティアする側はボランティアを受ける側に立てない。このこと、相手の立場には立てないことに、なぜわたしたちは気づかないのでしょうか。

釜ケ崎に赴任したばかりのころ、できるだけ日雇い労働者の一人のようになりたかった。それで、できるかぎり日雇いに出て、ドヤにも泊まるようにし、みんなといっしょに銭湯に行って、モンモン(刺青)の入った労働者たちと風呂に入り、大衆食堂で飯を食うようにつとめたのです。おかげで、一年もすると、たしかに見てくれは一労働者のようになりました。歩きながら通りのガラスに写る自分を見て、よしよしと満足していたわけです。同じ立場に立てたぞ、と。だけど外見が似てくれば似てくるほど、彼らの立場の深刻さに気づかせられるのです。否応なしに寄せ場にくるしかなかった先輩たち、仲間たち一人ひとりの本当のさびしさ、本当の悔しさ――どれほど家に帰りたいか。電話番号から古い住所の番地までも暗記しているにもかかわらず、家に手紙を書けないつらさなど……思いもおよばないものなのです。ほんとうに同じ立場には立てないことが身にしみてわかりました。いくら想像力を働かせても同じ立場には立てないことを痛感しました。

見たところではいっしょです。同じように汚れて、長靴を履いている。しかし、足元にも及ばない。わたしにはいつでも釜ケ崎から身を引く自由がある。あるいは、家族や友人たちが注目していてくれる。一般社会でも通用する資格や教養を身につけている。また、教会との関係でいえば、評価も批判も含めて、つながりをもっています。しかし、ほんとうに貧しく小さくされた仲間たちには、そんなものはないのです。わたしたちがどんなに逆立ちしても同じところに立てるはずがないのです。だから小さくなる競争をやってみたとしても、そんなの、自己満足にすぎません。貧しさを体験するためという趣向で、今日一日食事を抜いてみたとします。でも、そんなことはままごとでしかない。アルミ缶を一所懸命集めている、わたしらと同年代の労働者たちは、毎日、毎日、一所懸命働いて、食べられたとしてもせいぜい一食です。あとはパンの耳を分け合ってしのいでいる。そんな食うや食わずの生活を、彼らは絶対良しとしていないのだということをもっと素直に受けとめないと、それが良いことのように、それによって悟りを得られるかのように理想化してしまう。わたしもあのようになれたら……などと。そうではないのです。

路上で寝ている人を見て、「ああ、ほっとけないな」と思う。「ああ、おなかをすかせているに違いない」というので、「炊き出しをどうしようか」と考える。「寒そうだな。じゃ防寒着を、どっかで集めてこよう。毛布を」。そこに目がいきがちです。もちろんそれも大事です。緊急避難の対策として、目の前の今の必要を満たしていくということは必要です。しかし、それは支援の、ほんのとっかかりにすぎないはずです。炊き出しに並ぶ側の思い、毛布を配ってもらう側のつらさというのは、なかなか気づかないものです。

宗教の関係者は「あわれみ」とか「あわれみの心」などといって、それを良いことのように見ています。カトリック教会では、ミサで神に向かって、「主よ、あわれみたまえ」と連呼し、わたしたちも人に対してあわれみの心をもてるようになりたいと願います。しかし、あわれむ側は気持ちがいいかもしれないけれど、あわれまれる側のつらさを思おうとしないのです。大事なのはあわれみではなく、痛みの共感、「コンパッション」だと思います。沖縄の「チム　グルサ」です。「チム」というのは肝、はらわた。それがきりきり痛んで、その人のことをほっておけない気持ちです。こういう感性をもつ人は炊き出しを準備して、「はい、並んでください」といいつつも、実は並んで食べなけりゃならない本人には、それがつらいことなのだと気づくはずです。やはり働いて生活がしたい。たとえ安い賃金であったとしても。そうすればだれにも頭を下げなくていい。それが、貧しく、社会的に小さくされている仲間や先輩たちのほんとうの願い、思いなのです。

わたしの場合もそのことに気づいてからです、無理して日雇い労働者っぽく自分を構えなくなったのは。ありのままでよかったんだということに気づく。ただ大事なのは、自分よりも多くの苦労をし、痛みを知っている先輩たちの方が、はるかにゆたかな感性を持っていることを認めて協力することです。そして少しずつ少しずつ、いつも何かを教えてもらおうという気持ちで関わること。

知らず知らず、自分がそういうふうになってきたころから、なぜか労働者の側から、「本田さん」「本田さん」と受け入れてくれるようにもなってきました。不思議です。だから相手の立場に立って考えて、あれこれしない方がいいのではないかと思います。部落差別の問題でも、被差別部落の人たちの思いに寄り添っているつもりで、中途半端に相手の立場に立って考えるから、さらに傷口をえぐるようなことを平気でしてしまう。在日の人たちのしんどさにしてもそうです。障害と死ぬまでつきあわなければならないような、いつかは治るというのではない、その苦痛に慣れていくしかない仲間、先輩たちとどうして同じ立場に立てますか。単純で素朴な思いやりくらいでは、ほんとうのことは見えないはずです。そこに気づくことが大事だと思っています。

相手の立場には金輪際立てないというところから発想しなおすのです。ではどうすればいいか。相手を正しく理解しようと思ったら、どうすべきなのか。英語の understand(理解する)といういいまわしが示唆しているかもしれません。つまり Stand under others, 相手よりも下に立つことです。同じところに立てないのですから、教えてくださいっていう学ぶ姿勢を持つことです。このことは、釜ケ崎でほんとうにいやというほど思い知らされたことなのです。相手よりも下に立つこと。

いまのわたしは、釜の労働者から受け入れてもらっていますが、それはわたしが本気で相手の話に耳を傾ける気になったときからです。労働者のいうことは一見、論点がずれたり、とっぴょうしもないと思えることがあります。でも実はその中に、学者や知識人がいうことよりもはるかに鋭いものがあるということに少しずつ少しずつ気づいてきて、本気で聞くようになったのです。これどう思うって教えてもらったりする。そういうことができるようになって、つまりかっこよくいえば、相手を尊敬できるようになって、はじめて相手から受け入れてもらえるようになった、そういうことなのです。

聖書の中の「小さくされた者」

それを裏づけるかのように、新しい選びの民としての教会——初代教会・原始キリスト教団です——に宛てたコリントの人々への第一の手紙の中で、パウロはこういっています(一章26-28節)。「仲間のみなさん、呼びかけに応えた自分のことを考えてみてください。あなたたちの多くは世間でいうところの知恵者でもなく有力者でもなく、家柄のよい者でもありません。神は世の愚かな者を選んで知恵者を恥じ入らせ、世のひ弱な者を選んで腕力のある者を恥じ入らせました。また神は世の身分卑しい者や軽んじられている者、つまり無に等しいとされている者を選んで、地位ある者に面目を失わせたのです」。パウロの時代のコリントの町は、恐らく地中海沿岸地方でいちばんリッチな町の一つであったと想像されるわけですが、そのゆたかな町の中で、その教会のメンバーとして選ばれた人たちとは、どういう人たちであったのか。ここに書かれているように、つまり「無に等しいとされている者」を神はお選びになっている。

でも、わたしがその中で育ってきた教会、そして現在のわたしたちの教会は、そうではない。身分が卑しいとされている、世間で軽んじられているそういう仲間たちにとって、教会の敷居は高くてとてもじゃないけどまたげない。本来、新しい選びの民としての教会は、洗礼を受けているかいないか、などで決めるものではなく、貧しく小さくされた仲間たちの集いが教会であり、彼らがみんなして、このままではつらいよな、こうなりたい、あのようになりたいと思うこと、願うこと、それはまちがいなく神が裏打ちしてくださっているのだから、それを堂々と発信しつつ、その実現のために行動を起こしなさい、というのがパウロのこの手紙の主旨です。そしてまわりのゆとりのある人たちは、その実現のために協力する、これが本来の教会の姿なのではないでしょうか。いまの教会はどうでしょう。カトリックにしても、プロテスタントにしても、たいていの教会は、教会から外に向かって神の恵み、福音を告げ知らせるその源泉のつもりでいるのですが、いろいろやってはいても、そのはたらきの効果は、おそらく失われているのではないかと思います。いくら自分たちを叱咤激励してみたところで、そこに神の恵み、力はおそらくはたらいていないのではないでしょうか。

これをさらにもっとはっきり裏づけてくれるのが、ヤコブの手紙です。だれかが「藁の手紙」といったそうですが。この手紙は、おそらくエルサレムの共同体の事情を背景にして書かれていると思われますが、この時代のエルサレム教会を包む環境は四面楚歌です。親分のキリスト自身が犯罪者として十字架刑で殺された、その残党の集まりと見られていた教会でした。経済的にも孤立させられていたようです。そのヤコブの手紙ですが、教会について、コリントの人々への手紙と同じようなことをいっています。ヤコブの手紙の二章5節「わたしの大切な仲間たち、よく聞いてください。神は世の貧しい人たちを、神に信頼してあゆむことには富んでいる者として、また、神を大切にする人たちに約束された国を受けつぐ者として、お選びになったではありませんか」。すなわち、世の貧しい人たちは、しっかり神に信頼してあゆんでおり、そのままで神の国を受けつぐにふさわしい人たちです。神はその人たちを教会のメンバーに選んだのだ、ということです。新共同訳をはじめ他のほとんどの翻訳は、違う意味に訳しています。神が貧しい人たちを選んだというのは同じですが、その貧しい人たちを教育して、信仰に富む者に育て上げ、そのおかげで神の国を受けつぐにふさわしい者になったではないか、という解釈です。教会の教育力はすごいんだ、教会に入らなければ救いは得られないのだ、というニュアンス。これはわたしたちが従来自然に教えこまれてきた教会のイメージなのです。しかし、原文はそうではありません。「貧しい人たち」「信仰に富んでいる者」「……ふさわしい者」は同格で、並列していて、神が選んだ貧しい人たちの属性をならべているにすぎません。貧しい人たちは、そのままで信仰に富む者であり、そのままで神の国を受けつぐにふさわしい者なのです。その人たちの集いが教会なのです。このメッセージをあらためてつきつけられると、わたしたち教会に属している者たちはほんとうに恥じ入らなければならないし、自分の居所がないとオロオロしてしまうはずです。

このことは、福音書でもきちんと確認されているのです。たとえばマタイ福音書五章の有名な山上の説教がそうです。「イエスは、この民衆を見て、山のほうにのぼって行き、そこに腰をおろすと、弟子たちがそばに寄って来た。そこでイエスは口を開き、真実をときあかした。『心底貧しくされている人たちは、神からの力がある。天の国はその人たちのものである』」(1-2節)。「心底貧しくされている人たち」とはだれか。前後の文脈から明らかです。「さまざまな病気や苦しみをかかえる人、悪霊につかれた人、発作になやまされる人、体が麻痺した人など、ぐあいをわるくしている人たち」とその家族からなる、貧しい「おおぜいの民衆」であり、彼らがキリスト教徒でなかったことはもちろん、ユダヤ教徒でない人たちもいたようです(マタイ四章24-25節)。イエスはその人たちについて「神からの力がある」、「天の国はその人たちのものである」と宣言しているのです。正しい宗教に属しているから天の国に入れてあげましょう、ではないのです。痛みを知る、貧しく小さくされた人たちだから、無条件に神が共にはたらいてくださり、そのままで天の国が保証されるといわれるのです。

これは「心の貧しい人たちは、幸いである」という翻訳でわたしたちがなじんできた箇所です。新共同訳の翻訳にあたって、それが原意に合っていないということで聖書学者レベルでずいぶんと議論されたのです。いろんな新しい翻訳の試案も出されましたが、けっきょくは聖書協会の意向もあって、従来どおりということになった。定着度の高い表現が変えられると、特にイエスのことばが変えられると、こんなのは聖書ではない、と思う人たちがクリスチャンの大半で、せっかくの新共同訳が普及しなくなるからというのも、その理由の一つでした。なさけない話です。こういうことで、イエスの真実の姿、福音のメッセージがぼかされ、あいまいにされていくのです。

このほか、いろんな箇所でそういうことがあった。「疲れた者、重荷を負う者は、だれでもわたしのもとに来なさい。……わたしは柔和で謙遜な者だから……わたしに学びなさい」(マタイ一一章25-30節)も同じです。とりわけ、「柔和で謙遜」は、セットでわたしたちの耳になじんだことばです。これを聞くと、イエスは社会的に地位もゆとりもある方だけど、へりくだって、やさしくわたしを受けとめてくださるのだという印象です。しかし、「柔和」と訳されてきた原語の「プラユス」は自分も抑圧されていながら、それにめげずに苦しむ仲間にやさしくすることを指すことばであり、「タペイノーシス」は謙遜ではなく、身分の低いことを指すことばです。ルカ福音書のマリアの賛歌に、同じ「タペイノーシス」が出ますが、マリアについては原意どおりにきちんと翻訳をして、「身分の低い、この主のはしためにも、目を留めてくださった」(新共同訳、ルカ一章48節)と正しく訳しているのに、イエスについては、「柔和」とセットで「謙遜」なのです。抑圧され、貧しく小さくされた身分の低いイエスの姿、人間社会の低みからはたらく神の姿が、あいまいにされていることはたしかです。

わたしは自分の訳では、従来の解釈や神学にとらわれずに訳しています。ですから、貧しい人たちは「神からの力がある」であって、「幸い」などということにはなりません。現実に住まいすら失って野宿するほど貧しい状態に置かれている人たちに、「貧しくて幸いですね」なんていったら、「アホか!」といわれるにきまってます。財産を親から受け継いだり、自分の才覚で財をなして社会的地位を得ている人たちが、わたしも貧しい者、小さき者です、というのをよく耳にします。これほど、じっさいに貧しくされている人に対する侮辱はない。貧しくなんかないクリスチャンたちが、何でわたしも貧しい者の一人です、小さき者ですといいたがるのでしょうか。イエスは自分からすすんで貧しくなった、すすんで小さき者になって、へりくだりの模範を示されたと信じてしまっているからです。悪いけれども、イエスはそういう類いの模範を一度も示したことはありません。これだけは、はっきりいっておかなければならない。とことん貧しかったイエスには、謙遜、へりくだりを示す余裕などこれっぽっちもなかったのです。

しかも、その母は律法に背いて妊娠するような罪人マリアと見なされていたようですし、そのマリアを受け入れたヨセフも同類とされ、家族ぐるみ低辺に立たされていたイエスでした。マタイ福音書とルカ福音書のイエス誕生の物語がそのことを語っています。イエスの誕生はだれからも祝福されないものでした。ヨセフの実家の敷居もまたがせてもらえず、宿屋の戸をたたいても断られる。部屋がなかったというならわかりますが、彼らのためには「場所」がなかった――ギリシア語の「トポス」ですから、居場所がないということです。仕方なしに雨露のしのげるところを探して、そこで出産します。それが洞窟だったのか、家畜小屋のひさしの下だったのかはわかりません。当時のパレスチナ地方では貧しい人たちが馬草桶に赤ちゃんを寝かすことはあったとしても、それは自分の家においてでしょう。実家や親類であいてにされず、宿屋でも断られて、馬草桶が置いてあるところといえば、やはり家畜小屋ぐらいしかなかったでしょう。

そんなところで産まれて、お祝いにかけつけてくれたのは、いやしいと見下げられていた羊飼いたち(ルカ)、あるいは不毛と貧困のシンボルであった「東」からやってきた「異教」の占い師たち(マタイ)だけでした。そして就いた仕事が、養い親ヨセフの仕事だったわけです。何かといえば、「石切」の仕事だった。ヨセフは大工(オイコドモス)

ではなく、石切(テクトーン)でした(マタイ一三章55節)。イエスもまた石切でした(マルコ六章3節)。朝から晩まで、縦横何センチ、高さ何センチのブロックを刻んでいく仕事です。日常的に石の粉を吸う作業ですから、塵肺で早死にすることが多く、奴隷、寄留者、罪人あつかいされていた貧困層に割り当てられた仕事でした。だからイエスは、「食い意地の張った酒飲み」といわれていた。新共同訳もフランシスコ会訳も「大食漢の大酒飲み」と訳していますが、「ファゴス」というギリシア語は、「大食い」というよりは「食べものに意地きたない人」のニュアンスであり、「オイノポテース」は、「オイノス」は「ぶどう酒」、「ポテース」は「飲む人」ですから、「酒飲み」です。底辺に生きる貧しい人たちの共通したイメージです。その上、イエスは頭がおかしい、「悪魔つき」といわれて社会から排斥され、最後は十字架の上で殺されていく。誕生から死まで、底辺の底辺をはいずりまわるようにして生きたイエスでした。

塵から、低みから

イエスのこの生涯において、どの場面で上から下にくだる、「へりくだり」の模範を示したというのでしょうか。とことん底辺から底辺に立ちつづけたイエス像です。示されたのはつねに低みから立ち上がる模範でした。でも、神の子だから、神が人間になってくださったところにすごいへりくだりがあるじゃないか、といいたくなりますよね。前にはわたしもそう思っていました。ですからキリストに倣って、わたしたちもへりくだりを大切にしたいと思っていました。神さまは当然「上」におられる方だと信じていたからです。しかしヨハネ福音書はこういっています。「いまだかつて神を見た人はいない。父の懐にいるひとり子である神、この方が神を明らかに示したのである」(ヨハネ一章18節)、また「わたしを見た者は父を見たのである」(ヨハネ一四章9節)。すなわち、人間イエスをとおして現されたかぎりにおいて神を知るのだということです。だから見えない神が高いところにおられる、とどうして決めつけるのですか。まず一つ、そこにまやかしがあったのです。神さまはきっと上におられる方に違いない。その神が人間の世界に下ってきたという、そこがまやかしだったのです。

詩篇一三九篇を見る限り、神は「前からも後ろからもわたしを囲み　御手をわたしの上に置いていてくださる」(5節)。つまり、神はわたしたちみんなを包み込んでいてくださる存在なのだと教えているのです。それがなぜ、上をイメージしてしまうのでしょうか。「天におられるわたしたちの父よ」と祈ることから、大空の天を考えてしまうのかもしれません。「天」と訳されてきたヘブライ語の「シャマイーム」は「何層にもかさなってわたしたちを包みこむびっくりするようなもの」のことで、決して上だけを指してはいない。神がおられるところを意味していて、天に神がおられるというより、神がおられるところを天と呼んでいるわけです。フィリピの人々への手紙二章のキリスト賛歌の誤訳がかなり影響しているのでしょう。「キリストは、神の身分でありながら、神と等しい者であることに固執しようとは思わず」(新共同訳、二章6節)というところ。そして「僕《しもべ》の身分になり」、「十字架の死に至るまで」へりくだった……。一見、段階的にくだっていって、十字架の死までへりくだるイエスを描いているようにとれますが、原文は違います。だいいち上か下かを暗示する「身分」ということばは原文にはないし、「人間」と「僕」は並行文章です。「へりくだった」と訳された「エケノーセン」は、「自分を空け渡した」と素直に理解すべきです。わたしはこう翻訳しています。「キリスト・イエスは、神としての在り方がありながら、神と同じ在り方にこだわろうとはせず、自分を空け渡して奉仕人(僕、奴隷)の生き方を取られた。イエスは見たところ他の人たちと同じであった。すなわち、姿はひとりの人にすぎないイエスが、自分を低みに置き、神の従属者(神に自分を合わせる者)として立たれた。それも死を、十字架の死を引き受けるまでに」(二章6-8節)。つまり、イエスは人の目には見えない神を見える形で現しましたが、それはなんと、とことん低みから、はたらいておられる神だったのです、ということでしょう。へりくだりではありません。低みから、いつもはたらかれる神の啓示なのです。

天の父である神がどこではたらいておられるかをはっきり示している詩篇があります。

詩篇一一三篇――ハレルヤの詩篇です。これは新共同訳が世界の聖書翻訳に貢献した箇所の一つです。「主はすべての国を超えて高くいまし　主の栄光は天を超えて輝く。わたしたちの神、主に並ぶものがあろうか。主は御座を高く置き　なお、低く下って天と地を御覧になる。弱い者を塵の中から起こし　乏しい者を芥の中から高く上げ」（4－7節）。やはり低く下っているではないかといいたくなるのですが、これはヘブライ語の「マシュピリー」で「沈み込んだ状態」を表すことばですから「低みに立って」と訳すべきです。「塵」とか「芥」、つまりほこりやゴミがたまるようないちばんの低み。そこから神が貧しく小さくされた人たちと共に立ち上がる。そこに神の視座がある。そこが神のはたらかれる場なのだということです。ということは、神は尊厳において最高であるが、その仕事場は世の底辺なのだということです。神の子が受肉して、底辺に立つひとりの人イエスとなって、「わたしを見た者は父を見たのだ」といわれた意味は明らかです。父である神も、低みからはたらかれる方であるということです。したがって神である方が人間となってくださったことは、自分の空け渡し（神のケノーシス）であり、謙遜とかへりくだりというものではないのです。

神は底辺の人たちを選び、その人たちと共に立ち上がることをとおして、すべての人を救われるという。その選ばれた人と他のすべての人とのつながり、関係性がどうなるかということをはっきりと示しているのが、創世記一二章だとわたしは思っています。

聖書に出る最初の「選び」は、おそらくアブラハムの選びだと思われます。歴史的に見ればモーセとエジプトで奴隷とされていたイスラエルの民の選びが最初でしょうが、その背景として語られる族長物語で、神はまずアブラハムを選んだことを明らかにしています。自分の故郷であるハランの地をとび出して、寄留者「ゲール(＝難民)」となるアブラハムを神は選んだのです。しばしば「寄留者」アブラハムについての記事が出てきます。旧約の歴史の中で、寄留者、孤児、寡婦は、当時の社会でいちばん弱い立場に立たされた者の代表でした。ときどきそこにレビ人も加えられたりしますが、要するに財産相続権が認められない人たちです。寄留者は、たとえよいご主人にめぐり会って大切に扱われたとしても、自分の家族に財産を残すこともできず、いつも不安定な状態で、市民権がありませんでした。そんな状態のアブラハムを、神は選んだというのです。

「わたしはあなたを大いなる国民にし　あなたを祝福し、あなたの名を高める　祝福の源となるように。あなたを祝福する人をわたしは祝福し　あなたを呪う者をわたしは呪う。地上の氏族はすべて　あなたによって祝福に入る」(2-3節)。寄留者アブラハムを祝福する(よろこんで連帯する)者を救い、呪う(排斥する)者をしりぞけるということです。

この発想は、マタイ福音書の最後の審判の場面にも出てきます。羊を右に山羊を左にと選別するやり方をイメージさせる、最後の選別があるという話です。極楽地獄物語で、脅しを含めた教育的なメッセージだと思うのですが、もともと伝統的ユダヤ教には来世の発想はなかったようですが、イエスの少し前頃から復活の信仰が出てきていたようです。一般の民衆にとって、来世とはいったい何だというような感じだったと思われます。最後に選び分けるときに「わたしの兄弟であるこの最も小さい者の一人にしたのは、わたしにしてくれたことなのである」、「しなかったのは、わたしにしてくれなかったことなのである」(新共同訳、マタイ二五章40、45節)と、それが選別の基準だと示しています。

「わたしの兄弟」と訳されていることから、教会では、よく同じ教会の会員を「兄弟」「姉妹」と呼んだりしていることとかさねて、信者同士の仲良しごっこをよしとする傾向があります。しかし、イエスが「兄弟」というとき、ユダヤ人のメンタリティにしたがって、同族、自分の身体の一部のようにつながった身内という感覚でしょう。しかも、イエスは精神異常者として社会から排斥されるまでに貧しく小さくされた者でしたから、そのイエスの「兄弟」である、このいちばん小さくされている仲間たちという意味であったことはまちがいありません。その小さくされている「兄弟」たちに何をしたらいいのか。飢えていたとき食べさせ、渇いていたとき飲ませてやりなさいというのですか。わたしはこの翻訳はまちがいだと思います。食い意地の張った酒飲みとあざけられるほど貧しく小さくされたイエスが、そのようなことをいうはずがない。人からあわれまれる痛み、人からほどこしを与えられるつらさを知るイエスにはなじまないことばです。

ものをあげることのできる人たちを軸に解釈してはなりません。

イエスが告げた福音の真の理解者であり、その最大の福音宣教者のことばに、次のようなものがあります。わたしは、「だれからもパンをただでもらって食べたりはしませんでした。むしろ、だれにも負担をかけまいと、夜昼大変苦労して、働き続けたのです」。あなたたちも「自分で得たパンを食べるように、落ち着いて仕事をしなさい」(新共同訳、Ⅱテサロニケ三章8、12節)。パウロの仕事はテント作りです。卑しい職業と見なされていました。あのファリサイ派だったパウロですら、キリストの側、いちばん貧しく小さくされた仲間たちの側に立つことによって、そういう仕事にしかつけなかった。パウロは進んで貧しい仕事を選んだのではない。それしか選択肢がなかったのです。分かち合いとか、ほどこしをよいことと思うのは、ゆとりのある人たちの発想なのです。

持っている者同士のあいだでプレゼントをやりとりするのはうれしいことで、すなおにありがとうということばが出るものです。しかしほんとうに貧しく、ただもらう一方の立場に立たされている人にとっては、いくら相手が腰を低くして、どうぞといわれても、つらいものがある。わたしが釜ケ崎に赴任してきた当初、思いがけないこととして聞いたのは、「キリスト教は人殺しや」という労働者のことばでした。クリスチャンたちが何かひどいことをしていたわけではありません。まったくの善意でいそいそと炊き出しを手伝い、夜のパトロールで毛布やおにぎりを渡してもいたはずです。でも、それが良いことだと思ってやってきたかもしれません。受けとる側に立たされた人にしてみたら、それでは立つ瀬がないわけです。とにかく生きるしかなく、アルミ缶や段ボール集めでわずかでも収入をえて、歯を食いしばって頑張って生きているときに、ほどこしだ、分かち合いだといわんばかりのクリスチャンの姿勢は、かろうじて保ってきたプライドをふみにじり、芯張り棒をカラーンと外されたみたいになるのです。だから人殺しだという話になるのです。そこまできちんと押さえないといけません。

だから「飢えているときに食べさせてくれた」、「渇いているときに飲ませてくれた」という翻訳は、まちがいです。貧しく小さくされたイエス・キリストの人生というコンテキストから見たときに、「食べさせてくれた」ではなく「自分で食べていけるようにしてくれた」であり、「飲ませてくれた」ではなく「自分で飲めるようにしてくれた」なのです。ハイッとおにぎりや飲みものを差し出すのではなくて、自分で食べていける手立て、仕事の手がかりとか生活保護への手伝いとか、安心して自活できる段取りをすることです。そこまでもっていってはじめて、心にわだかまりなく、「ありがとう」といえる状態になる。

では、夜まわりや炊き出しは、しないほうがいいのかといえば、そうではない。緊急避難として、必要なことです。ただ、おにぎりを配るとき、寒い夜に毛布やホカロンを配るとき、心の中で「ごめんね、こんな一時しのぎのことしかできなくて。みんなが願っているのはこんなことではないんだよね」ときちんとわかりながらする。また、そういうこちらの姿勢は、ふしぎと相手に通じるものです。見ず知らずの人からものをもらわなくても済む生活ができたらいいのに、仕事さえあったら……、という彼らの思いをしっかり受けとめつつ、いまできることをするのです。いまは体が弱っていて、ふつうの仕事をハイと紹介されても断るしかないかもしれない。少しずつ体を慣らしていけるように、例えば最初は草刈りとか清掃の仕事をして、体が慣れてきてリズムができてきたら、これまでやったことのない仕事にチャレンジするゆとりができるかも……。そういうふうに自分で働いて飯が食えるようになりたいという思い、そこにこそ連帯していけるようにならなければならないのです。

一杯の水

イエスは弟子たちを、福音を告げ知らせるようにと派遣するにあたって、いろいろと指示を与えた後に、こういいます。「あなたたちを受け入れる人は、わたしを受け入れるのであり、わたしを受け入れる人は、わたしをつかわされた方を受け入れるのである」(マタイ一〇章40節)。「あなたたち」とはだれのことでしょうか。クリスチャンの多くは、自分たちのことと早とちりします。文脈から明らかに十二人の弟子たちです。十二人の弟子たちと現代のクリスチャンたちのあいだに、なにか共通項でもあるのでしょうか。どうもなさそうです。

十二人の弟子たちは、おそらく全員が社会の底辺に立つ人たちでした。そのうち、七人は漁師でした。漁師は「海の民」ということで、洋の東西をとわず、ヨーロッパでもアジアでも、かつては卑しい身分の人たちと見なされていたそうです。いつ波に呑まれて死ぬかもしれない不安定な職業は、神から祝福されていないと思われていたのかもしれません。その上、ユダヤ社会においては、モーセの律法とのからみで、漁師を不浄としていたようです。例えば鱗のない魚は穢れていると律法はいうわけです。けれども海で釣り糸を垂らすにしても、網で獲るにしても、かかってくればそれに触れるし、市場で売れれば収入につながるので、あえて穢れを避けない人たちでもあったのです。「罪人《つみびと》」と思われていました。漁師以外の弟子たちも似たりよったりです。「罪人」の代表格と見なされた徴税人(マタイ)あり、熱心党(シモン)ありでした。これは過激派です。半月刀をふるって暗殺する極右集団で、シモンはその一員と見なされていました。そんなふうに、世間の人がまゆをひそめるような弟子集団でした。

貧しく小さくされていたそういう弟子たちを「受け入れる人は、わたしを受け入れるのである」とイエスはいっているのです。ここでいわれていることは、やはり神の選びの神学なのです。そして「預言者を、預言者とみとめて受け入れる人は、その預言者と同じむくいを受ける」(マタイ一〇章41節)とイエスはつづけます。小さくされている弟子たちは預言者だといっているわけです。この箇所だけ、いきなり文脈が飛んで、かつての預言者たちを預言者と認めよといっているのではない。いま派遣される、みんなから軽んじられているあなたたちこそ預言者の役割を果たすのだ、ということです。派遣されたあなたたちを預言者としてきちんと尊敬をこめて受け入れる人は、派遣されるあなたたちがいただくむくいと同じものを受けるのだということです。そして、最後にイエスはこういいます。「この小さくされた者の一人を、わたしの弟子とみとめて、よく冷やした水一杯でも差しだす人は、はっきり言っておくが、わたしの弟子であるその小さくされた者と同じむくいを受けるのである」(マタイ一〇章42節)。従来の翻訳では「そのむくいを受ける」としか書かれていないので、「水一杯分のむくい」だと思ってしまう。カレーライスをおごったら、むくいはもっと多いのか。わたしも以前はそう思っていました。けれども、「その」は人称代名詞が使われている。つまり「その人と同じむくい」のことです。

「よく冷やした水」にも深い意味があります。ユダヤ人たちは毎朝井戸から水を汲んできて、いくつかの大きな瓶に一杯にしておいてその日一日使うのですが、そのうちの一つ、二つは素焼きの瓶です。素焼きの瓶は少しずつ水がにじみ出るので、使わなくても減っていく。瓶の外側ににじみ出た水は、そこで蒸発する。これはまさに生活の知恵で、気化熱をうばわれた瓶の中の水は、汲みたての井戸水のように冷えてくるのです。上薬をぬって、もれないようになっているふつうの瓶の水は、減らないかわりに、なまぬるくなっています。たっぷりある、ぬるくなった水を差し出すのではなくて、減っていく貴重な水、よく冷えた方の水を差し出すことをイエスはいっているわけです。それは尊敬をこめた関わりのしるしです。そういう関係性、それが持てたときに、同じむくいとなるのです。

ですから、小さくなる競争とか、貧しさごっこは、やはり意味がないのです。無理して、自分も小さくされている者の仲間入りしなくてもいい。大事なのは、その人たちの思いを心から尊重し、その真の望みに耳を傾けて連帯し、その願いの実現にわたしたちがどのくらい本気で協力するかなのです。わたしの現場にかぎっていえば、野宿の人たちのほとんど、九九・九パーセントの人たちは、他に選択肢がなくて野宿に追いこまれているということを、きちんと受けとめて、野宿しないですむ、就労による自活の道、もしくは福祉による安心できる生活をいっしょに実現させるような関わりを大切にすることです。野宿をより安心してつづけられるようにとか、もう少しおいしい炊き出しをとか、そういうことに努力するのではなく、何が希望か、どうなりたいか。そこに懸命に耳を傾ける。長い間、自分の思いをふみにじられて生きてきたために、自分の思いを表に出していいのかどうか、意見をいってもどうせ同じことだろうというような気持ちがあって、口にしたがらない人たちがほとんどです。それを謙虚に教えてもらいながら、連帯していく。そのとき忘れてならないのは、かってに相手の立場に立ったつもりで考えをめぐらし、それを押しつけないことです。相手の立場には立てないのです。相手よりも下に立つしかない。相手よりも下に立つとは、「教えてください」という関わりの姿勢にほかなりません。

アメリカの臨床心理学者たちがクライアントにアンケートをとって、「あなたは自分の神をどこに想定しますか」、「どのあたりにイメージしますか」と質問したのですが、おおよそ平均的な答えは「前方斜め上」だったそうです。教会でも十字架は前方斜め上だし、きれいな聖画を飾ってあるのも前方斜め上です。大事なものはすべて、前方斜め上にあるというイメージだということです。ですから、ごく自然に前方斜め上、上空のかなたに神がいると思ってしまうのでしょう。「シャマイーム」を上空をイメージさせる「天」と翻訳したのも、そうした心理傾向が影響しているのかもしれません。

出エジプト記三章に、モーセと神との出会い、あるいは神の使いとの出会いのよく知られている場面がありますが、あの箇所は二つの伝承が重なっていて、「モーセ、お前を派遣する」(三章9‐10節)という伝承と「わたしがいく」(三章7‐8節)という伝承との二つが並んで出てきます。「わたしがいく」という伝承には、神が「苦しみをつぶさに見た」、「叫び声を自分の耳で聞いた」、「痛みを知った」とあります。それはどれも現場体験――つまり神はエジプトで奴隷生活をしいられている民の中にいて、自分も共に苦しみを受けていると語っているのです。天の高みから見ていて知っているということではない。とりわけ痛みを「知った」(ヤダーティ)は夫婦関係をもつという意味にも使われることばで、「アダムはエバを知った。そしてカインが生まれた」の「知る」と同じ語です。神が民の中にいて、はじめていえる表現です。「つぶさに見た」も同じです。「見る」という動詞を二つ並べて臨場感を表現しています。その場に神がいて、自分の目で見たのだというのです。すでに痛みと苦しみの現場に神がいるのに、その神が「わたしがいく」というのは、神がそこにすでにいることをみんなに確認させるための表現だと思われます。しかし、神がつねに痛みと苦しみの現場にいるということ、それは詩篇一一三と一三九篇のメッセージと同じではないかと思います。底に沈み込んだ状態で神は立ちはたらく。神はどこにでもおられる方、というよりは、すべてが神の中にいるのだということです。しかし、その上でなお、神はすべての人を救済するために、一つの選びをしっかりとしている。それは世のいちばん小さくされている人たち、自分でも能力がないと思っている、そういう人たちを選ぶのです。だからバプテスマを受けているからとか、教会のメンバーだからということで、自分が選ばれていると錯覚してはなりません。

わたしは幼児洗礼で、六十三年間クリスチャンをしていますが、自分に神の力がはたらいているという経験も、選ばれた自覚も、もったことはありません。少なくとも、わたしに限っていえば、洗礼によってはそんなものは与えられていません。ある種の錯覚、自己暗示で、自分にそういう力があるかも、と思ったことはあります。しかし正直いって、そんなパワーは自分にはない。ではわたしの洗礼は無効だったのか。そうではありません。洗礼とはそういうものではないのです。では、洗礼を受ける意味は何なのか。福音書には洗礼について語る場面が三つ出てきます。一つはヨルダン河での洗礼。イエスはそこで洗礼を受けました。でも、そのとき、洗礼者ヨハネは、もう一つの洗礼があるといいます。「わたしは水におまえたちの身を沈め(洗礼し)ている。しかし、わたしのあとから来られる方は、わたしより力ある方で……その方は、聖霊の火におまえたちの身を沈めてくださる」(マタイ三章11節)という。それは聖書釈義によればイエスのことをいっているわけです。次の洗礼について語られる場面は、弟子のうちのヤコブとヨハネが抜け駆けをねらって、イエスに「一人を右に、一人を左に座らせてください」といったときです。イエスは「わたしが飲むさかずきを飲み、わたしが身を沈める『沈めの式』(洗礼式)で、あなたたちも身を沈める覚悟はあるのか」と聞く(マルコ一〇章38節)。そのときにいわれた洗礼式(沈めの式)とは何のことだったのか。それは、さかずきを飲むということと同じ意味、すなわち過越の秘義を指していたのです。「自分に死んで、神の復活の命によって生きる」ことが洗礼なのだということです。三番目に出るのは、福音書の終わりで、全世界に行って、「すべての造られたものに福音を告げ知らせなさい」(マルコ一六章15節)という場面で、つづけてイエスは「父と子と聖霊の神のうちにその人たちの身を沈め」なさい(マタイ二八章19節)、つまり洗礼を授けなさい、といいます。ここでいう洗礼はどちらの洗礼か。洗礼者ヨハネによる水の洗礼のことなのか。過越の秘義を意味する自分に死んで復活のいのちに生きる洗礼のことなのか。洗礼者ヨハネの洗礼は、ヨルダン河の水に身を沈めるもので、死を連想させるものであったことはたしかです。本物の洗礼のしるしのようなものであったと思います。イエスがすべての人に求める洗礼とは、過越の秘義との関連でいわれた、自分に死ぬことであったはずです。わたしたちはごく自然に、当然のことのように、洗礼者ヨハネのヨルダン河の洗礼、すなわち水の洗礼にこだわりますが、イエスの思いとしては、水の洗礼は受けないかもしれないけれども、人生の歩みの中で自分に死ななければならない時があり、そういうときに自分に死んで、神のいのちを生きる、そのことを指しているのではないでしょうか。したがって、そういう体験をした人は、教会にきてもこなくても、水の洗礼バプテスマを受けていても受けていなくてもどちらでもよい。本物の洗礼を受けた人には、キリストと同じ力――人を励ます力、悲しんでいる人に喜びを喚び覚ます力があるのです。教会で授けている水による洗礼を受けていても、自分に死ぬということをいまだ体験していなければ、そんなパワーはあるはずがないのです。

マタイ福音書の最後のところを、わたしはこう訳しています。「だから、あなたたちは行って、すべての民をわたしの弟子にしなさい。父と子と聖霊の神のうちにその人たちの身を沈め、わたしがあなたたちに命じたことをすべて、その人たちが守れるように、真実をときあかしなさい。わたしは世の終わりまで、いつも、あなたたちといっしょにいる」(マタイ二八章19-20節)。この「いつもあなたたちといっしょにいる」ということばを、クリスチャンに対していわれたのだと、早とちりしてはなりません。わたしたちの幻想、あるいは期待を壊すことになるかもしれませんが、「あなたたちといっしょにいる」ということばは、いつも貧しく小さくされた人たちに向かっていわれているのです。この場合はイエスの弟子のグループに対していわれているわけですが、このときの弟子たちは、ユダヤ人たちを恐れて戸という戸に鍵をかけて集まるような、それほどに小さく小さくされた状態にありました。モーセにいわれた場合も同じです。そのときのモーセは、決してファラオの宮殿でリッチな生活をして権力を持っていた、かつてのモーセではない。同胞のヘブライ人を守るためにエジプト人を殺して逃げ、ミディアン人のところで地下生活をしていたモーセで、年もとっていました。神はそのモーセに「わたしはあなたと共にいる」といわれたのです。カトリックの場合、「主はみなさんと共に、また司祭と共に」と唱和するわけですが、これほどほんとうの福音から目を逸らさせてしまうことばはないと思います。錯覚をもたせてしまう。それが例えば釜ケ崎のようなところで捧げるミサの場合には、心おきなくいえるのです。ただ「司祭と共に」というのは括弧に入れてもいいのですが。

Ⅱ

宗教を超えて福音を

――聖書講義

一　貧しく小さくされた者の選び

福音との出会い

「教会が、キリスト者が地の塩であり、世の光だ、洗礼を受けて神の子とならせていただいたわたしたちが、地の塩となり世の光となって、世の一隅を照らす。人々に味付けをさせてもらう」。そういうことだ、とずっと教えられてきたし、わたし自身教えてもきました。しかし、わたし自身を例にとっていいますが、聖書をとおして、あるいは神父たちの説教や教会で聞く話をとおして、福音についていろいろ教わったわたしが、福音の喜びや解放感を味わったことがなかったのです。実感したことがなかった。幼児洗礼を受けたわたしが、そのまま大人になり、神父になって、説教壇に立って平気で話をしていた。「福音とはこれこれ、こういうものである」と。けれどもあるとき、切実に思いました。「福音の喜びを体験していないのに、なぜ福音について人に話せるのか？　教会に行きましょう、と本気で人に呼びかけることができるのか？　教会に行っていてもたいして変わりばえしない自分なのに？　ミサの間はじっと我慢しなければならず、せいぜい忍耐力を養うためには役に立つかな、などと思っている自分なのに」と。「そんなことのために教会に行くって、いったい何だろう」。よく言います。「教会には人と人との交わりがあるでしょ」などと。でも、そんな交わりはどこにもある。文化サークルやスイミングクラブに入っても十分に味わえる。仲良しはたくさんできるし、悩みを打ち明ける仲間もできる。教会の集まりよりも、もっとうち解けやすい場合もある。

「教会とはいったい何だろう？」

よく口にする聖書の福音、その「福音っていったい何か」ということです。ことばでは説明されもし、してもいましたが、実感したことがなかったのです。ところが、神父になって何年もたっていましたが、釜ケ崎で野宿していた一人の労働者との出会いをとおして、はじめてその福音の力を、パワーを、解放感を与えられたのです。もらったという感じでした。

でも、その体験をした当初、わたしがどう思ったかといえば、「わたしはクリスチャンで、神父だよ。そんなはずはない」。わたしがだれかを解放してあげた、あるいは救ってあげた、喜びを伝えることができたというなら、すなおに納得していたでしょう。けれども、ほんとうにみすぼらしい状態で野宿をしていた人から、わたしが解放されるなどということが……。そのとき、わたしは夜まわりをやっていました。毛布や温かいみそ汁を配っていた、そんな中での出会いでした。その人から、「兄ちゃん、すまんなあ、おおきに」とたったひとこと、返してもらった。ただ、それだけのことでした。でも、なぜか、そのとき自分が解放されたのです。

そんなはずはない。これまで何十年も教会で学び、教えてきた。しかし、その教会では、聖書にいわれているような心からの解放、真の喜び、福音的な生き生きとしたものは見いだせなかった。それなのに、教会とは無縁の、こちらが手を差し伸べなければならないような人、その人が聖書の語っている、パウロが力強く訴えている福音の力を与えてくれた。いや、そんなことあるはずがない。

最初は信じることができず、ものはためしと思って、山谷に行って日雇いのまねごとをしてみました。そのとき、何かが腑におちたのです。やはり、釜ケ崎での解放の体験はほんとうだった。そのとおりのことが起きたのだ、と。そこで聖書の読み直しをはじめました。なんと、聖書にははっきり書いてあった。神の力とは、力のある人、ゆたかな人が、弱っている人に分けてあげる、というそんなものではなかった。「力は、弱っているときにこそ発揮される」。パウロのコリントの人々への手紙二(一二章9節)に、文字通りそう書いてあった。そして、パウロはさらに付け加えます。「わたしは弱っているときこそ、力が出るからです」(10節)と。

ふつうの考え方、常識からいえば、「何いってるの、理屈が通らん。論理がめちゃくちゃじゃないの。弱いときにこそ力が出るなんて」となります。でも、二千年にわたって読み継がれてきた新約聖書、そしてその新約よりさらに五百年もまえから編集され、ずっと伝承されてきた旧約聖書、この二つが共通していっていること、それは「神は貧しく小さくされている者と共にはたらかれる」、この一事でした。つまり、自分が楽しいからその喜びを人に分けてあげられる、というのはわたしたちがいつも犯す錯覚ですが、「そんなものじゃないよ」というのが聖書の教えだったのです。

たしかにそういわれてみると、自分が落ち込んでいるとき、便所の百ワット電球みたいに、無駄な明るさの人がそばに寄ってくると、うっとうしいし、ありがた迷惑と感じます。それよりも、人から無視されるさびしさ、つらさ、悔しさをわかっている人が、そばにいてくれる方が、どれほどうれしく、元気づけられることか。人の助けを必要としていないとき、そこそこふつうにやっていけているときには、だれが声をかけてくれても、「ああ、ありがとう」といって済ませられる。それで何の問題もない。けれども、ほんとうにだれかの支えが欲しいとき、助けてもらいたいとき、ただ明るい人、喜びいっぱいの人というのは何の役にもたちません。痛みを知っている人こそが、力を与えてくれるのです。

宗教生活

教会ではそのことを教えてくれなかった。幼児洗礼を受けて六十年ですから、半世紀を超える教会生活です。教会はたてまえばかり教えてくれた。嘘と真実との割合、パーセンテージにするとどんなものだろう、と考えてしまいます。「あなたたちは、祈ったら、神さまが必ず聞いてくださる」というけれど、実際はどうも違うようです。「あなたたちが断食すれば、きっと飢えているだれかが、どこかで救われている」というけれど、こういうのはみんなたてまえです。人生の大部分をたてまえだけですごして、ほんとうにそれでいいのですか？　そのような信仰に本気で人をお誘いできるでしょうか？　誘ったあげくに、その人にもたてまえを押しつけるだけなら、それは福音宣教ではない。

教会での活動や生活も、宗教としてのキリスト教を伝えるという点では、それなりの意味はあるかもしれない。しかし、人は宗教によって救いを得るのではなく、どう生きるかによるのです。宗教は何でもいいわけです、要するに。「たまたま出会ったのが、プロテスタントの〇〇教会でした」、「カトリックの〇〇教会でした」、あるいは「行った学校がミッション・スクールでした」など、たいていの人がこんな感じで自分の宗教と出会っています。三つも四つもさまざまな宗教を並べて、どれが本物か、と比較検討するなどということは、よほどの人でないかぎりしません。ふつうは「あっ、感じのいい信者さん。自分も行ってみよう、のぞいてみよう」というのではありませんか。たまたまです。そのたまたまが神社であっても、お寺であっても、あるいは教会であったってかまわないじゃないですか。クリスチャンになり、カトリックあるいはプロテスタントの教会のメンバーになったからといって、キリストがいちばん伝えたかった福音を生きるということ、これできますか、生きられていますか？

キリストの体――パウロの視点

信者にはたしかになったけれど、福音が生きられていない。ほんとうの意味での解放や喜びやいのちを実感できていない。とすれば、これはおおごとです。いわゆる宗教といわれているものの、どの教派、どの教団に属するかが問題なのではない。大した違いなどありはしない。大事なのは、どうすれば福音を生きることができるかです。そして、その福音を生きるとはどういうことかを知ることだと思います。そこで、まずパウロがコリントの教会に宛てた手紙の一部、「さまざまな部分があってこそ、キリストの体」の一節を引きます。

人の体というものは、一つであってもそこにはたくさんの部分があり、体にあるすべての部分の数は多くても、それで一つの体です。キリストの体もこれと同じです。わたしたちは、ユダヤ人もギリシア人も、奉仕人(奴隷)であっても自由市民の身であっても、みな同じ一つの霊によって、一つの体に沈めていただきました。それで、わたしたちはみな一つの霊を飲ませていただいているのです。ですから、このキリストの体にも、部分は一つではなく、たくさんあります。

足が、「自分は手ではないから、この体の一部ではない」と言ったとして、そんなことで体の部分でないことにはならないでしょう。また耳が、「自分は目ではないから、体の一部ではない」と言ったとして、そんなことで体の部分でないことにはならないでしょう。もし体ぜんぶが目であったら、聞くのはどこでしますか。もし、ぜんぶが聞くところなら、においをかぐのはどこでしますか。

それで神は、ご自身で決めたとおり、体にいろんな部分を一つひとつ置かれたのです。もし、全体が一つの部分だとしたら、体はどうなりますか。じつに、たくさんの部分があってこそ、一つの体です。

ですから、目は手に向かって、「おまえはいらない」とは言えず、また頭は足に向かって、「おまえはいらない」と言うことはできないのです。


(Iコリント一二章12-21節)

パウロは、「地上のみんながキリストの体につながっている」といいます。わたしは以前、洗礼を受けたときにキリストの体につながるのだ、と思っていました。洗礼を受けていない人は、そばにいっしょにいても、「この人にはキリストのいのちが及んでいない。洗礼を受けたわたしは、幸いにしてキリストにつながっている」と思っていたのです。しかし、パウロはそうではないというのです。「洗礼を受けようが受けまいが、天の父が、一人ひとりをこの地上に『おいで』と呼んでくださった。そのすべての人はキリストの体の部分として存在している。キリストのいのちにつながっているし、キリストの息吹、霊を呼吸している。だから洗礼を受けたかどうかにかかわりなく、みんなキリストの体につながっているのだ」。

そういわれてみれば、ヨハネ福音書のよく知られていることば、「わたしはぶどうの木で、あなたたちは枝である」(一五章5節)は、洗礼を受けたキリスト者たちだけに向かっていわれているのではなくて、すべての人に向けていわれていたのです。神にとって、線引きはありません。「お前たちは洗礼を受けたのだな。よしよし、わたしのいのちを分けてあげよう。ほかの人たちにはやらないよ」。これは、神のやり方、考え方ではありません。詩篇の一三九篇、主は「前からも後ろからもわたしを囲み　御手をわたしの上に置いてくださる」(5節)。この「わたし」も特定の人についていわれているのではない。すべての人についていってくださっているのです。

そして、そのようにしてキリストの体を構成しているわたしたち一人ひとりについて、「それぞれ違っていていいのだよ」といわれている。つまり、「多様性を大事にしよう」というのが、いま引いた箇所のメッセージです。一人ひとりの違いを、そのままによしとする。「それでいいんだよ」と。でも、パウロのメッセージはそこで終わってはいません。違いを認め合って、それでこと終われり、としてしまっては、ほんとうの意味の一致や平和は実現しない。多様性を認めるのは、非常に美しいことです。しかし、それを認めたからといって、即一致や平和が成り立つか。そうはいきません。

一致の秘訣

多様性を認めた上で、ほんとうにキリストの体を介して一つになるための、大事な大事な条件があります。さきほど引いた箇所の後に書かれていることばがそれです。一致と平和の秘訣とは、いちばん小さくされている部分を最優先させることです。

それどころか、体で「いちばん貧弱」と見なされている部分が、だいじなのです。わたしたちは、体の部分で「たいしたことない」と思ってしまうところを、なによりも尊重するようにします。それで、わたしたちが「目ざわりだ」としていた部分が、よりすぐれた調和をもたらすようになるわけです。調和がとれている部分には、そうする必要はありません。神は、「不足がちのところ」をなによりも尊重されるべきものとして、体を組み立てられました。それで体に分裂がなくなり、各部分が互いに配慮しあうようになるのです。こうして、一つの部分が苦しむなら、すべての部分がともに苦しみ、一つの部分がほまれを受けるなら、すべての部分がともに喜ぶようになるのです。

（Ⅰコリント一二章22-26節）

それぞれの違いを認め合う、これだけではバラバラのままです。一致も平和も実現しない。したい放題、勝手放題のままです。それではキリストの体として一つに結ばれたことにはならない、というのです。十人十色、百人百色、それぞれの色合いをもっていることを大事にしながら、やるべきことがある。それぞれに個性を色合いを異にする中で、いちばん貧しく、小さくされがちな仲間たちに対して、尊敬をこめた関わりをしなさいというのです。

わたしたちが、教会で聖書を読むとき、引用箇所の前半をそれだけでまとめてしまって、そこで結論を出しがちです。「お互いに違いを認め合いましょう。神さまの子どもとして、みんなそれぞれに違っていてよいのです。それでは今日の説教はここまで」。だから、違いは違いのままで終わってしまう。パウロはそこで終わらない。ほんとうに一つのものとして、キリストの体につながっていくためには、いちばん小さくされている仲間たちの中に、神のはたらきをみてください。尊重し尊敬の念をもって関わりなさいといっているのです。

パウロは単なる思いつきでいったのでも、たかだか自分の五十年か六十年の人生体験だけで、語っているわけでもありません。神の選びということに注目するとき、「神は、だれと共にはたらかれるのか」が、明瞭に一貫して示されていることが見えてきます。

誤解のないようにまえもってことわっておきますが、どんな人も、お金持ちも貧乏人も、頭脳のひらめく人も物覚えの悪い人も、神が共にいてくださることはまちがいないのです。先にも引いた詩篇一三九篇、「前からも後ろからもわたしを囲み　御手をわたしの上に置いていてくださる」(5節)。どれほどしっかりと包み込んでくださっているのか。詩篇作者も試してみたようです、イメージの上でですが。「天に登ろうとも」、「陰府《よみ》に身を横たえようとも」、「曙の翼を駆って海のかなたに行き着こうとも」、神はそこにおられる、といいます(8-9節)。つまり、キリストの体の一部として存在を与えられ、神の懐の中に包み込まれている一人ひとりは、どんなに頑張ってみても神さまの外に出ることはできない。転んでも神の懐の中です。ですから詩篇作者は、わたしたちを母親のお腹の中にいる胎児にたとえます。胎児がいくら足で蹴飛ばそうが、伸びをしようが、思い切り腕を突っ張ろうが、どんなに頑張ってみてもお母さんのお腹からはみ出ることはない。それと同じことだよって。生命を両親の協力のもとにいただいたこのわたしという存在、赤ちゃんとしての誕生以前に、神からいのちを与えられているわたしたちは、神さまに包み込まれていて、はじき出される心配はないのだ、と。

わたしたちは、よく錯覚します。罪を犯せば、それだけ神から遠ざかるのだ。だけど、カトリック教会には「ゆるしの秘跡」(懺悔)というものがある。犯した罪を神父に告げて、神と和解したら、また神さまの懐の中にもどしてもらえるのだ、とわたしたちは勝手に思いがちです。

しかし、それは思いちがいだ、というのが聖書の教えなのです。あなたがどんな大きな罪を犯したとしても、それを隠していようが、懺悔しようが、そんなことに関係なく、神の懐の中にいることにかわりはない。遠くに突き放されることなどない。神は痛みをおぼえながら、あなたが犯したあやまちに気づくのを待っていてくださる。あなたに親しく触れながら、神は待っていてくださる。これが聖書の告げていることです。

洗礼

すべてを内に包み支えていてくださる神は、「洗礼を受けてクリスチャンになったわたしをとおしてはたらかれるのだ」と、クリスチャンなら、思いたいかもしれません。しかし、聖書の教えは、クリスチャンであるから特別だといっているわけではない。生きとし生けるもののすべてが、神の中で、神によって支えられている、というのです。例えば、ヨハネ福音書の冒頭、「はじめから、『ことば』である方は、いた」ではじまる、あの有名な箇所の一連のフレーズの中につぎの一節があります。「『ことば』である方は、はじめから神のもとにいた。すべてのことは、この方をとおして起こった。起こったできごとで、この方ぬきに起こったものは、なに一つなかった」(ヨハネ一章2-3節)。つまり、この地上で起こることはすべてキリストが関わり、キリストにつながったものとして起きているというのです。洗礼を受けていようがいまいが、関係ないのです。

洗礼についていえば、イエスはヨルダン河で洗礼者ヨハネから洗礼を受けました。われわれもと、大勢の人が洗礼を受けようと、ヨハネのところに押しかけたようですが、その人たちに対して、洗礼者はこういいます。「わたしより力ある方があとから来られる。……わたしは、水におまえたちの身を沈めたが、その方は、聖霊に身を沈めてくださる」(マルコ一章7‐8節)と。水による洗礼とは単なるしるしであって、聖霊による洗礼こそ本物の洗礼だ、といっています。「その方」とはイエスのことでした。

一方、イエスもそのこと、つまり聖霊による洗礼について触れています。イエスの最期に近く、十字架刑の直前のエルサレム行きのくだりです。弟子たちもイエスの緊迫感を感じていたのでしょう。イエスの弟子の二人、ヤコブとヨハネがイエスのそばに行き、「あなたの栄光のとき、わたしたち二人のうちの一人を右に、一人を左に座らせてください」といいます。つまり、側近にしてくれという前約束を取り付けようとしたのです。イエスはこう答えます。「あなたたちは、自分がなにを願っているか、分かっていない。あなたたちは、わたしが飲むさかずきを飲み、わたしが身を沈める『沈めの式』(洗礼式)であなたたちも身を沈める覚悟はあるのか」(マルコ一〇章38節)。

イエスはすでにヨルダン河で洗礼を受けたではないか？　なぜ、これから『沈めの式』(洗礼式)を受ける」といったのか？　イエスにとって洗礼とは何だったのでしょうか。それは杯を飲みほすこと、つまり死の苦しみを受け止めて立ち上がる過越《すぎこし》です。十字架によって自分に死んで、復活のいのちによって立ち上がること、それがイエスにとって真の洗礼なのです。とすれば、福音書の最後の方に出てくる、イエス昇天の直前の別れのことば、全世界に行って、「すべての造られたものに福音を告げ知らせなさい」(マルコ一六章15節)、そして、信じるものには、「父と子と聖霊の神のうちにその人の身を沈め(洗礼を授け)なさい」(マタイ二八章19節)といったときの洗礼は、どの洗礼を指していたのか。水による洗礼のことなのか、それとも十字架の死を間近に控えたイエスが弟子たちに、「わたしが飲むさかずきを飲み、わたしが身を沈める『沈めの式』(洗礼式)であなたたちも身を沈める覚悟はあるのか」と語ったその洗礼なのか。教会に伝承されている水による洗礼のことだと、わたしたちは頭からそちらの方だと思いがちです。でも、イエスにとって洗礼とは、自分に死んで立ち上がることでした。すなわち過越こそ本当の意味での洗礼だということです。ということは、どんな人でも人生を生きていく中で、自分を死なせなければならない場面に出くわして、そして、そこから立ち上がっていくわけです。それこそが洗礼なのであって、水による洗礼を受けたかどうかで、区別をする意味などほとんどないことになるでしょう。

申命記に見るイスラエル

申命記の七章6-7節を読みましょう。申命記は、神との関係の再確認の書です。イスラエルの民がエジプトでしいられていた奴隷生活から、モーセの導きによって脱出し、さまざまな他民族とぶつかりながら、荒野をたどりたどってヨルダン河の東岸に着く。ヨルダン河を越えれば、約束の地カナンです。その場面に立って、改めて神さまがわたしたちに命じられたことを確認しよう、というのが申命記です。

申命記という呼び方は、中国語訳からそのままきていますが、「申」とは漢語では「再び」「あらためて」という意味のようです。改めて命じる。「イスラエルの歴史の中で、神との出会いを体験してきた。それをもう一度振り返り、整理しよう」、それが申命記です。その中で、モーセが民に確認します。「あなたは、あなたの神、主の聖なる民である。あなたの神、主は地の面にいるすべての民の中からあなたを選び、御自分の宝の民とされた。主が心引かれてあなたたちを選ばれたのは、あなたたちが他のどの民よりも数が多かったからではない。あなたたちは他のどの民よりも貧弱であった」からである。

ヘブライ語の原文では、この節の最後、「あなたたちは他のどの民よりも貧弱であった」からである、の終わりに黒々と終止符が打たれています。神が一つの民を選んだ理由はだれよりも貧しく小さくされた民だったからというものです。しかし、これは神が他の民は救わない、ということではありません。どの民も、どんな人も、いつの時代でも、神は共にいてくださり、救おうとしておられる。これは例外なくすべてにいえることなのです。仏教を信じる人であっても、創価学会に熱心な人であっても、あるいは「宗教なんか俺には関係ない」といっている人であったとしても、神の側からしっかり包み込まれている。しかしだからといって、神が共にいてくれるのだから、神の力をわたしも発揮しているということにはならないのです。

神の選びとは何か。「選びの神学」という領域があって、選びの意味を追求するのですが、選ばれるのは、いつもいちばん小さくされた者たちなのです。その選びとは何か？　もちろん、選ばれたその人たちだけを救おうという、そういう選びではありません。その人たちをとおしてすべての人が神のいのちに生かされるようになる、そのための選びなのです。神は、例えば手品師のように粉をまいたりして、みんなを救うといったことはしない。必ず貧しく小さくされた者たち、いちばん「貧弱な」人たちをとおして、その人たちとの関わりをとおして、救いの力を与えるというのです。

原始教会の姿

新約における「神の選びの民」は「教会」であるといわれています。これは大抵どこの教会でも教えてくれます。教会の中では次のように考えられている。「新しく選ばれた民である教会→わたしたちは教会の一員→したがってわたしたちも選ばれた者→だからわたしたちをとおして神の救いの力がはたらく」。この推論の中に錯覚があります。

コリントの人々への手紙一（一章26節）で、パウロは次のように呼びかけています。「仲間のみなさん」、つまりコリントの教会のメンバーに呼びかけているのです。「仲間のみなさん、呼びかけに応えた自分のことを考えてみてください。あなたたちの多くは、世間でいうところの知恵者でもなく、有力者でもなく、家柄のよい者でもありません。神は、世のおろかな者をえらんで知恵者を恥じ入らせ、世のひ弱な者をえらんで腕力のある者を恥じ入らせました。また神は、世の身分いやしい者や軽んじられている者、つまり無に等しいとされている者をえらんで、地位ある者に面目を失わせたのです」。

パウロが呼びかけているのは、イエスが死んで間もないころの教会です。ここに描かれている初代の教会のメンバーと、いまわたしたちが目にする教会のメンバーとはまるで質が違います。申命記にみた、旧約の民が選ばれたのと同じ原理で集められているのです。「世の無に等しいと見なされている者たちの集い」。これこそが教会なのです。そこそこに満ち足りた者同士が、仲良しごっこをするために教会に集まってきても、それは新しい選びの民の教会とはいえないのです。

カトリックもプロテスタントも、選びの本質を無視したそんな集いを大切にしているために、教会自体が弱体化している。外に向かって何も働きかけられない。かけ声はい い。「さぁ、頑張ろう。福音を宣べ伝えよう。御ことばを宣教しよう。キリスト教をひろめよう」。声はいくら出せても、パワーがない、中身がない、自分たち自身が空っぽだから。「信者だから、わたしは神に選ばれた者。世の中に対して地の塩としての役割を果たす、世の光としての使命を果たすのだ」と錯覚している。自己暗示の強い人、自己評価の高すぎる人は、けっこうそれで満足して、「わたしは神の使者として、なにかしらのことができた」と思ったりするかもしれない。しかし、正直いって、ほんとうのところは、「いや、やってみた、やる努力はした、頑張ってはみたけれど、どうもいまいち自分をとおしてはパワーが伝わってはいないんじゃないかな」と思うはずです。そこらあたり、わたしたちは反省すべきなのではないか。

当時の地中海沿岸地方で、エーゲ海を含めてですけれども、いちばんリッチなポリス、つまり町であって都市国家ですね、それはコリントだったと思います。そしてその時代、いちばん貧しい生活をしいられていたのがエルサレムの教会です。イエスが処刑され、ステファノが迫害で殺され、キリスト者たちの多くが追放されるなど、コリントとは正反対の状況にあったエルサレム。そのエルサレムの教会を背景にして書かれたヤコブの手紙があります。ヤコブの手紙二章5節です。「わたしの愛する兄弟たち、よく聞きなさい」。愛する兄弟たちというのは、エルサレムの兄弟、つまり教会のメンバーに向かっていっているということ。「よく聞きなさい。神は世の貧しい人たちをあえて選んで、信仰に富ませ、御自身を愛する者に約束された国を、受け継ぐ者となさったではありませんか」(新共同訳)。ここでも、教会のメンバーは貧しい人といわれている。この「貧しい人」というのは、ギリシア語原文では「プトーコイ」。物乞いしないと生きていけないほど貧しく小さくされた状態を表すことばなのです。その意味で、新共同訳ができる前の、共同訳のルカ福音書では、プトーコイを「神により頼む人」と翻訳していたこともありました。いずれにしろプトーコイは、イザヤ書などに出る「アナウィーム」のことですが、このヘブライ語は「虐げられて、虐げられて、もうどんな立場も、立つ瀬もない」という、ほんとうに弱い弱い立場に立たされている人を指すことばです。

つまり、ヤコブも教会のメンバーに向かって、「あなたたちも、自分のことを思い出してごらん。神は世の貧しい人たちをわざわざ選んで教会のメンバーにしたでしょ」と、そういっているわけです。わたしたちが、いま教会のメンバー、仲間うちを見渡すと、中には、じっさいに貧しい方もおられると思いますが、でも大半は、中流クラス以上です。職業上、あるいは社会的に一目置かれる立場の人たちがけっこういます。そして、そういう人たちが、いつもだいたい中心になるように教会運営はなされます。だとしたら、パウロが、ヤコブが語る教会の使命、果たすべき役割を、即いまのわたしたちの教会に当てはめて、いわれているとおりにやれるはず、できるはずと思うこと自体、ちょっと無理なのではないか。神は、貧しく小さくされた者を選んで、その人たちをとおしてはたらくようにされているんですよ。これ、実は大変なことですよ。

しかも、ここで、ヤコブの手紙でいわれている、「神は世の貧しい人たちをあえて選んで、信仰に富ませ……」というくだりをどう読むかです。さっき読んだとおりだとすると、「ああ、神さまは、貧しい人たちによる教会をつくったんだ。でも神さまは、その人たちを教育、訓練して、信仰に富む者に成長させたのでしょ。その結果、御自分を愛する者に約束された国を、受け継ぐ者にしてくださったということですね」ということになる。だけど、ギリシア語の原文は、そうはいっていない。この箇所、実は「貧しい人たち」、「信仰に富む者たち」、「国を受け継ぐ者たち」は並列なのです。つまり、「神は、貧しい人たちは、信仰に富む者、約束された国を受け継ぐにふさわしい人たちをあえて選びました。その人たちは、信仰に富む者にした」のではない。「その人たちはイコール神の国を受け継ぐにふさわしい者」だといっているのです。

貧しい人たちを集めてきて、「はい、洗礼を授けました。教育しました。そして信仰に富む者になりました」。そうじゃない。わたしたちの目の届く範囲でも、ほんとうに弱い弱い立場に立たされて、自分の意見をいう場もなかなか与えられないような、そういう仲間たちを見かけます。そういう人たちに出会います。そのとき、わたしたちは、「神は、わたしではなく、その人たちを選んでいるのだ」と思い起こすべきなのです。何のための選びかといえば、その人たちと関わるわたしたちを共に解放して、ほんとうの意味での信仰とは何かを教えてくれる、福音のパワーを伝えてくれるためなのです。

「心の貧しい人」とはだれか

例えば、聖書の「山上の説教」の冒頭に「八つの幸い」というのがあります。マタイ福音書の五章でしたか、これ、だれに向かって語られたものでしょうか。聖書学者たち、牧師・神父たち、またカテキスタと呼ばれる、教理を担当する人たちの多くは、こういいます。「これは、教会に向かって話されているのだから、『あなたたちは』といわれたときは、それは教会のメンバーである自分のことと思いなさい」と。いかにも、もっともらしくそう説明されると、「ああそうかな」と、つい思っても不思議はない。そんなふうにわたしたちはずっと教育されてきたわけです。

しかし、聖書解釈の大原則は何でしょうか。文脈にしたがって解釈しなさい、ということです。文脈(con-textus)には時代、文化、メンタリティ、歴史も含まれますが、書かれている文章の前後関係をふまえることは基本です。気に入った文章を、そこだけを抜き出して、自分勝手にいろんなイメージをふくらませて、読み込まないでください。あくまでも文脈にしたがって。これが聖書解釈の大原則です。では、文脈にしたがって読むと、「心底貧しい人たちは、神からの力がある。天の国はその人たちのものである」(マタイ五章3節)はどうなるか。だれに向かっていわれているのか。わたしたちは勝手に、「ああ、わたしたちに、聖書を読んでいるわたしたちにいっている」と思うわけですが、文脈にしたがって読めば、そうではないことは一目瞭然です。「イエスの評判はシリア中に行きわたった。それで、人々はイエスのところへ、さまざまな病気や苦しみをかかえる人、悪霊につかれた人、発作になやまされる人、体が麻痺した人など、ぐあいをわるくしているあらゆる人たちをつれてきたが、イエスはその人たちの手当てをした。こうして、ガリラヤ、デカポリス、エルサレム、ユダヤ、ヨルダン河のかなたから、おおぜいの民衆がイエスについてきた。イエスは、この民衆を見て、山の方にのぼって行き、腰をおろすと、……ときあかした」(マタイ四章24節―五章2節)。

イエスの前に集まってきていたのは、どんな人たちだったか。貧しく小さくされた民衆なのです。パウロがいうコリントの教会の人々とかさなる。ヤコブがいっている教会のメンバーたち、貧しい貧しい人たちと共通する。申命記に書かれている「選びの民」につながるのです。「天の国は、その人たちのものである」の「その人たち」とは「世の貧しい人たち」なのです。条件なんぞつけない。貧しく小さくされているその人たちに向かって、まちがいなく天国はあなたたちのものだ、といっているのです。

八つの幸いのうちの一番目、「心の貧しい人々は、幸いである」(新共同訳)。この「心」の理解について、多くの聖書学者たちは取り違えてきたのではないかと思います。原文では「霊」です。ユダヤ人のメンタリティとして、人間を言い表すときに、三様の言い方があります。つまり肉＝バサルと、魂＝ネフェシュ、そして霊＝ルアッハです。ただこれは人間を構成する三つの部分ということではない。人間を霊として表現するときは、人間を神さまとコミュニケートできる、対話できる存在としてとらえている。「すべての霊は、神を讃えよ」。それに対して、人間を魂＝ネフェシュと表現するときは、思いやりやいたわり、苦しみや喜びに対するコンパッションなど、動物とは異なる人間的なるもの、ヒューマニズムでとらえた人間に焦点を合わせています。そして、肉＝バサルと表現するときは、植物も動物も含めた生命あるものとして、生きて、食べて、飲んで、動いて、そして排泄して、病気になったり、治ったり、死んだりする生きものとして人間をとらえているといえます。

とすると、「心の貧しい人々は、幸いである」というときの「心の貧しい人」とは、神さまとコミュニケーションができるかけがえのない被造物である人間が、貧しく小さくされた状態におかれてしまっていることをいおうとしているのです。それを心のこと、精神的に貧しい状態のことをいっていると解釈してしまったのです。経済的にはそこそこゆとりがあるとしても、内面的な貧しさに陥っている人のことだというのです。そうではない。「貧しい人々は、幸いである、神の国はあなたがたのものである」というルカのメッセージと（新共同訳、六章20節）、「心の貧しい人々は、幸いである」と訳されたマタイのメッセージはまったく同じ意味内容です。ルカは恐らくローマ人で、ヘブライ的なメンタリティをあまりもたなかったので、単純な言い方をしている。それに対してマタイは生粋のヘブライ人で、その発想もヘブライ的です。人間について語る際に、肉としての人間なのか、魂としての人間なのか、それとも神との親しい関わりをもてる人間なのかを言い表そうとしていると見るべきでしょう。そこで、「霊」としての人間が「貧しい」状態におかれているという言い方をするわけです。

「心の貧しい人々は、幸いである」の「幸い」も、やはり誤訳だと思います。新共同訳では、カトリック、プロテスタント、どちらの聖書学者も、この訳文の不充分さを認め、いいまわしを変えることに賛成していた。けれども、「耳になじんだ定着度の高い表現を変えるわけにはいかない」ということになってしまって、従来どおりに戻ってしまった。わたしは、この箇所は「心底貧しい人たちは、神からの力がある」と訳しています。なぜ、そう訳せるのかといえば、「幸い」と訳されてきた「マカリオイ」というギリシア語は、ヘブライ語の「アシュレー」、つまり「祝福されています」、「そのままつきすすんでいいよ」という保証、元気づけのことばです。いま持っている感性のままで堂々と進んでください、ということであり、いまの貧しい状態にそのままいなさい、貧しいことは幸いなことなのですよという意味ではない。

「貧しい状態の中にあって、いまあなたがいちばん望んでいるのは何ですか？　家族が安心して暮らせるだけの収入や保証ですね。それはまちがいなく正しいのです。その感性のままに堂々と進んで行きなさい。神の力が裏打ちするよ」という意味の保証です。じっさい、澤田和夫神父さん(山谷で二十年ほど、労働者と共に聖書をよんでいた)は、「祝福されています」と訳しています。しかし、日本語で「祝福」というと、「いまの幸せをお喜び申しあげます」というニュアンスで、結婚式のときくらいしか使いませんね。いまは幸せではないのですから。貧しいことはいいことだと誤解されるような表現はやはり避けなければならない。小さく貧しくされているあなたたちには神さまの力が裏打ちされているから、そのままぐいぐい、いま望んでいる、願っていることの実現のために行動を起こしなさい、ということなのです。

地の塩・世の光

そして、八つの幸いを一つひとつ見ていくことは、興味深く大切なことなのですが、ここでは省いて、八つの幸いにつづいていわれていることに注目したいと思います。「あなたたちは、地の塩である」、「あなたたちは、世の光である」(マタイ五章13-14節)。その「あなたたち」とはだれですか。ガリラヤ、ユダヤ、ヨルダン河のかなたから集ってきた病人たち、悪霊につかれていると見なされた人たち、「罪人」とされていた人たちです。ユダヤ人たちは、病人を神の祝福から遠ざけられた人と見なして、「罪人」よばわりしていたのです。その人たちに向かっていわれているのですよ。「あなたたちが地の塩、あなたたちが世の光なのだよ」と。

わたしたちは、聖書の言葉を教会で聞くものだから、「教会の、この信者席に座っているわたしたちが地の塩だといわれているのだ。頑張らなくっちゃ」と思ってしまう。「わたしたちが世の光として、一隅を照らすように頑張らなくちゃ」と。たしかに、一人ひとり、みんな頑張っていると思うのです。頑張ってきたと思います。だけど、結果はどうでしたか。まぐれで、なにがしかの影響を与えることはありますよ。相手の人に、「あなたが訪ねてきてくれたおかげで元気になりました」といってもらえたこともあるでしょう。でも、そりゃたまたまですよ。信者だから、洗礼を受けてキリストの力と恵みがわたしに満ちているから、その人に喜びを伝えることができたのではないでしょ、正直なところ。「力は弱さの中にあってこそ発揮される」ものなのです。

実際、「あなたたちは地の塩である」といい、さらにつづけて、「塩が塩気を失ったら、その塩は何で塩味をつけるのか。もはやなんの役にも立たず、外にほうりだされ、人にふみつけられるだけである」(マタイ五章13節)とイエスはいう。いまの教会に集まっている、例えばインテリの人たちは、どうころんでも外にほうりだされて、ふみつけられることなどないですよ。そこそこ社会でふつうに過ごせるんです。イエスが話しかけている相手は、ほんとうに貧しく小さくされ、社会で箸にも棒にもかからんと軽んじられている人たちです。自分のその小さくされているがゆえにとぎすまされた感性、本物と偽善を見分ける洞察のするどさ、それが塩味なんだよ、と。それを失ってしまったら、それこそほうりだされて、ふみつけられるのは目に見えているといっているのです。

社会の底辺におかれ、周辺に押しやられている人たちはみんなそうなのです。ただ、強い人たちのいいなりになっていたら、黙っていたら、それこそふみつけにされて、かたなしです。寄せ場にこざるをえなかった労働者の人たちも、感性がほんとうにキラキラ輝いている。しかし、それが世間の価値観と違うので、「これはいっちゃいけないんだ」とか、「行動に移したらどうせまた押しつぶされる」と、自分でまたそれを押さえこんでしまう。自分で、塩味を失わせてしまうことが多い。でも、「そうじゃないんだ、あなたがいま小さくされているがゆえに、いまあなたが持っている価値観は、みんなが学ぶべき大事なものなんだ」とイエスは励ましているのです。

そして、「あなたたちは、世の光である」につづいていわれていることも、同じことです。「人はともし火をともして升の下に置くようなことはせず、燭台の上に置く」（マタイ五章15節）。ルカ福音書でしたか、「寝台の下に置いたりする人はいない」（八章16節）といわれています。これは、世の小さくされた人たち、弱い立場に立たされている人たちは、簡単にそういう扱いを受けている、といっている。ともっている火を升でおおってしまうような人権無視の扱いを日常的に受けているのだけど、それを寝台の下の奥の方に隠しておかなければならないようにしいられている。「せっかくともっている光は、燭台の上にぽーんと置きなさい」。そうすれば、みんながその光に照らされて、「ああ、そうだったのか」と、大事なことに気づくようになる。

パウロが、人類のつながりをキリストの体にたとえて、体の中でいちばん貧弱とされている部分を何よりも尊重するようにしなさいというのも、その意味だったのです。軽んじられている者を、何よりも尊重できたときにはじめて、みんながキリストのいのち、キリストのパワーに浸されていく、影響を受けていくんですよ、と。

寄留者アブラハム

旧約に現れる神の選びの鍵ともいえる箇所は、創世記の一二章です。神がアブラハムを選んだ場面。そこには有名な祝福のことばが出てきます。「主はアブラハムに言われた。『あなたは生まれ故郷　父の家を離れて　わたしが示す地に行きなさい。わたしはあなたを大いなる国民にし　あなたを祝福し、あなたの名を高める　祝福の源となるように。あなたを祝福する人をわたしは祝福し　あなたを呪う者をわたしは呪う。地上の氏族はすべて　あなたによって祝福に入る』」(一二章1－3節)。

アブラハムが父の家、故郷を離れるということは、当時の言い方では、「寄留者」「寄留の民」になるということです。寄留者とは、紀元前五、六百年頃の時代を含めて、社会的基盤をもたない、もっとも不安定な社会的弱者の代表でした。聖書によく出る社会的な弱者は、孤児、寄留者、寡婦です。いちばん貧しく小さくされた人たちでした。どの時代の預言者たちも、「この人たちに対して、あなたはどういう関わりをしたのか」と問いかけるわけです。

まさに寄留者として、カナンの地をずっとうろうろする。そのアブラハムを神は選んだのです。アブラハム一族は土地の人から見れば、得体の知れない、浮浪のよそ者です。うちの羊のための草を侵食していくうっとうしい存在なわけです。けれども神はそんな不安定な寄留者アブラハムを選び、そのアブラハムを祝福する者を神も祝福する、その彼を呪う者を神も呪う、といわれる。

貧しく小さくされた者を選んだ、神のその選び。それに、わたしたちはどう対応したらいいのか。わたしたちがその人を、神が共にはたらく人として認めて、尊重した関わりをもつとき、わたしたちも、その貧しく小さくされた人の仲間として、アブラハムの側に立つ者として神は認めてくださる。わたしたちが「こいつ、なんや、うっとうしいだけやないか」という感じで呪うというか、突き放してしまうとき、神もお前を突き放すよ。これが、貧しく小さくされた者を、神がいつもすべての人の救いと解放のために選ばれることのしくみなのです。

十二弟子の派遣

イエスは、十二人の弟子たちを、福音宣教に派遣する際にいいます。「金なんていらないんだよ。着替えもなしでいいよ。食べ物も用意しなくていい。行った先で分けてもらいなさい」と。そして、「身を守る武器もいらないんだよ。派遣先の貧しい仲間たちと同じように、蛇のように感性するどく、鳩のように率直に対応してたら大丈夫だよ」と。

マタイ一〇章16節は、ほとんどの訳で、「蛇のように賢く、鳩のように素直になりなさい」となっていますが、ここは、「蛇のように感性するどく」とすべきです。ヘビは体全体を地にベターッとつけて、全身を触覚にしてそのつどたしかめながら進む。貧しく小さくされた、社会的に弱い立場の人たちの、身をまもるすべとしての敏感さをいっているのです。会う人ごとに、「この人とつきあうと、また馬鹿にされるから近寄らんとこ」、「この人は優しい人」と直感的に判断しています。貧しい人たちの感性のするどさをもって、福音を告げ知らせなさいということなのです。

そして、派遣に際しての指示のしめくくりはマタイ福音書の一〇章40-42節です。「あなたたちを受け入れる人は、わたしを受け入れるのであり、わたしを受け入れる人は、わたしをつかわされた方を受け入れるのである」。貧しく小さくされた弟子たちを受け入れる人は……つまり、アブラハムの、あの祝福のことばと同じなのです。貧しく小さくされた寄留者アブラハムを祝福する者を神も祝福してくれる、呪う者を神も呪う。

イエスの弟子たちは大半が漁師です。漁師は、当時のユダヤ社会では卑しい職業の一つと見なされていました。なぜか。ユダヤ人は血液の混じった肉や魚を食べることを禁じられていました。「血は神のもの」、神の管轄でした。ですから、女性の出産時の大量の出血、それも穢れと見なされた――いまでいえば、とんでもない差別ですけれども。ともかく血液にはいっさい、触れてはならない。釣るか、網でとるかした魚を、ユダヤの人々に買って食べてもらうためには、漁師たちが腹を裂いて、血抜きをしなきゃならない。一般のユダヤ人たちは、自分は穢れることなく、血抜きされた魚をおいしく食べるわけです。穢れを担うのは、みんな漁師さんたちというわけです。そのために漁師は「罪人」と見なされていた。また、「皮なめし」も、そのなめした皮をつぎ合わせて、テントをつくる「テントつくり」の仕事も同じでした。羊飼いもそうだったようです。アブラハム、イサク、ヤコブの時代は、みんなが牧畜をいとなむ遊牧文化でしたから、その時代は誇り高い職業でしたが、イエスの時代はそのころから何百年も経って農耕文化に変わっていましたから、いつまでも古い職業を嗣いでいる者は、周縁に追いやられ、軽んじられていたようです。そのほか、占い師や医者も同様に見なされていたようです。

イエスの弟子たちの大半は漁師で、そのほかはといえば、罪人の代表者のように見なされていた徴税人——収税人マタイ——とか、熱心党シモンといわれる過激派くずれもいました。それは、シカリといわれる半月刀をいつも懐に忍ばせて暗殺をくわだてる極右集団で、カナン党もしくは熱心党と呼ばれ、おそれられていました。派遣されたのは、そういう人たちで、その人たちに向かってイエスが約束するのは、社会的弱者であるお前たちを受け入れることは、わたしを受け入れることなのだ。わたしを受け入れるということは、天の御父を受け入れるのと同じだ、ということです。そして、さらにいわれる。「預言者を、預言者とみとめて受け入れる人は、その預言者と同じむくいを受ける」(マタイ一〇章41節)。つまり、派遣された、貧しく小さくされ、社会からは軽んじられている弟子たち、彼らこそ預言者なのであり、その彼らを、「あ、この人たちが預言のパワーを持っているんだ」と心底、信頼して受け入れる人は、その預言者と同じむくいをいただける。そして、「この小さくされた者の一人を、わたしの弟子とみとめて、よく冷やした水一杯でも差しだす人は、はっきり言っておくが、わたしの弟子であるその小さくされた者と同じむくいを受ける」(マタイ一〇章42節)といわれる。

低みに立つ

イエスは、どんな場合も、「あなたが小さくなりなさい」とは絶対いわない。「貧しくなりなさい」とはいわない。たとえ、わたしたちが小さくなろうと努力したところで、貧しく生きようと努めてみたところで、それは単なる振りでしかない。何の意味もない。大事なことは、現実に貧しく小さくされている仲間や先輩たちをとおして、わたしではなくて、その人をとおして、主がはたらいておられ、わたしやまわりの人たちにいろんなことを気づかせようとしてくださっている、そのことをしっかりと受け止めることです。

「よく冷やした水一杯」をほどこしてあげたら、それなりのむくいはいただけるよ。店屋物の親子丼でもとってあげたら、水一杯よりももう少し大きなむくいをもらえるかな、と。わたしたちは、このように聖書を解釈してきたじゃないですか。でも、ここでいわれているのは、そんなことではない。素焼きの瓶に入れてあるので減っていく、井戸からくみたてのように冷たい水(本書七六頁参照)、貴重な、大事な方の水を、「どうぞ」と差しだすということは、尊敬の念をもって接するということなのです。わたしではなくて、「この人をとおして神さまがはたらいておられる」ということを認めた、その表現なのです。わたしではなくて、この人こそ神が選ばれた方、この人を祝福する関わりをもつことができれば、わたしも祝福していただける。目の前の貧しく小さくされている人とはそういう存在なのだ、と。

貧しく小さくされた人たちを受け入れるとは、対等になるということではありません。むしろ、尊敬の気持ちを持って関わらなければなりません。逆説のように聞こえるかもしれませんが、事実そうです。こちらがいくら、「おれ、お前」で話すつもりでいても、相手は隔てをおいています。ほんとうにこちらが聞く耳を持ち、学ぶ心を持って関われるようになったときに、隔てをとってくれる。わたしの釜ケ崎での体験では、そうでした。こちらが仲間になったつもりで、気安く話せばいいというものではないのです。本気でその感性に学びたいという気持ちになれたときに、わたしがその人を受け入れているといえる。そのときから、わたしも受け入れてもらえるようになるのです。

神は一人ひとりの違いを大事にしてくださっている。わたしたちも多様性を大事にしよう、ということなのですが、でも聖書はそれだけでは不十分だと教えています(Iコリント一二章22-26節)。いちばん弱い立場に立たされている人たちの中にキリストのはたらきを見て、「その人たちこそ、わたしに遣わされた預言者であり、キリストのほんもんの弟子なんだ」と受け止めなさいといいます。その思いで関われるようになったときに、わたしも解放されてゆく。自分をとおして神をはたらかせようとするのではなくて、神がまちがいなく選んでいる、弱い立場に立たされた人たちをあわれんで救いの手をさしのべるのではなく、その人たちの真の望みの実現に協力するようにする。それが、神の国を築いていく、福音を伝えるということではないですか。

二　イエスとはだれか

「わたしはある」

神はすべての人をご自分の懐の中に包み支えていてくださいます。これは詩篇一三九篇にはっきりと語られていることです。しかし、その上で神は特定の人たちに向かって、「おまえと共にいる」と語りかけます。出エジプト記の中で、「わたしは必ずあなたと共にいる」(三章12節)と、モーセにいわれる。モーセに示された神の名は、ヘブライ語で「エヒエー　アシェル　エヒエー」でした。訳せば「わたしはある。わたしはあるというものだ」(三章14節)です。神の本質は「共にいる」方ということでしょうか。実際、「わたしはある」というヘブライ語の「エヒエー」を三人称単数形で表現すると、「ヤハウェ」となります。

「その方はある」。神さまは、「在る方」という、それが神の名になっている。イエスも天に昇られる前に弟子たちに「わたしは世の終わりまで、いつも、あなたたちといっしょにいる」（マタイ二八章20節）という。でも、「あなた（あなたたち）といっしょにいる」とはすべての人にいえるはずです。なぜなら、神が造られたものはすべて、神の外に造られたのではなくて、神の懐の中に造られ支えられている。「神が支えていなければ、その人は存続できない」というのが聖書の教えです。だれもがみんな神の中にいる、神はどんな人とも共にいてくださるはずなのです。それなのに、なぜ神は貧しく小さくされた人たちに限定して、モーセに、そして弟子たちに、「わたしは、あなた（たち）といっしょにいる」というのでしょうか。どうやらそれは、「エヒエー＝わたしはある」が、単に「ある」とか「いる」という意味ではない、ということのようなのです。

そのあたりの事情は、どうやらもう一歩踏み込んで受け止めなければならない。特別にモーセに、また弟子たちに「いっしょにいる」といわれる、ということは神が共にはたらくという意味が込められているのです。その貧しく小さくされた仲間たちをとおして、神がまわりのすべての人にはたらきかけるということのようです。

貧しく小さくされた者を神はお選びになり、その人たちと共にはたらいて、貧しくない人たちも、インテリの人たちをも救おうとしておられるということです。それが神の名、「エヒエー」「ヤハウェ」が表す意味なのです。そう受け止めるべきだなと思っています。例えば、旧約聖書ではじめて「福音」ということばが出てくる箇所は、おそらくイザヤ書六一章1節だと思うのですけれども、「主はわたしに油を注ぎ　主なる神の霊がわたしをとらえた。わたしを遣わして　貧しい人に良い知らせを伝えさせるために」。「良い知らせ」というのは、「ブソラー」というヘブライ語。つまり「福音」ということばが、はじめてここに出てくる。福音とは、貧しく小さくされた人たちに向かってまず第一に告げ知らせるべきものでした。それは、「打ち砕かれた心を包み　捕らわれ人には自由を　つながれている人には解放を告知させるために」(1節)です。イザヤさんが、まず霊を受けて遣わされるわけですけれども、「どこに?」。貧しく小さくされている人たちのところに。「そこで何をするの?」。傷ついているその心を包み込んで回復させ、その人たち自身が傷ついて苦しんでいる仲間たちに、解放を告知していくようにするのです。

イザヤが、神さまから霊を受けたからと、一人ではしりまわって、「さあ、こうしなさい、ああしなさい」とやるのではなくて、イザヤがまず貧しく小さくされた人たちのところに派遣され、彼らの傷ついた心を、共にいることによって元気づけて、彼ら自身が告知するようにする。そのためにイザヤは遣わされた。なぜなら、「彼らは主が輝きを現すために植えられた　正義の樫の木と呼ばれる」(3節)存在だからです。ここで「彼ら」とはイザヤのことではないのです。イザヤが派遣された、「アナビーム」と呼ばれる貧しい人たちのことです。しいたげられたり、弱い立場に置かれたり、社会的に小さく小さくされてしまっている、みんなから後回しにされがちな、そういう人たち。「彼ら」とは、その人たちを指していることばなのですね。「正義の樫の木」、これはクリスチャンのことをいっているのではない。洗礼を受けていても、受けていなくても、ほかの宗教に属している人であっても、「わたしは無宗教です」といっている人であったとしても、貧しく小さくされているがために、だれよりも痛み、苦しみ、さびしさ、悔しさ、怒りを知っている人。同じようなつらさを担っている仲間に対して「わかるよ」といってあげられる、そういう人たち。その人たちこそ神が植えられた正義の樫の木なのです。

樫の木

なぜ、樫の木というのでしょう？　樫の木とは、まず丈夫だということはだれでもわかりますよね。だけど、ふつうパレスチナ地方では樫の木をあまり見かけません。おそらく昔だってそんなにあったとは思えない。レバノンとか、ほかのところから、建材としてもちこまれていたのかもしれません。その樫の木を、主に何に使ったかといえば、テントを張るときの真ん中の芯張り棒です。テントはすべて皮でできているから重いのです。それを一本の真ん中の柱に結びつけて張っていく。移動するときにはそれをさっとたたんで、樫の木の棒といっしょに持っていく。だからテント暮らしからイメージされるのは、真ん中に立てる樫の木、それが中心なのだよっていうことなのです。貧しく小さくされている仲間たちこそ、神が自分のはたらきのために選んだ人たちなのだ。その彼らこそ正義の樫の木であり、その彼らをとおして神の輝きが現れる。イザヤ書は紀元前五百年以上も前の書物ですが、そのときからもうはっきりとイエスの示すメッセージが、わたしたちに呼びかけられているわけです。

つづく文はこうです。「彼らはとこしえの廃虚を建て直し　古い荒廃の跡を興す。廃虚の町々、代々の荒廃の跡を新しくする」(イザヤ六一章4節)。このように崩れかかった社会、駄目になった共同体、それをほんとうに建て直すのはだれか。学者でもなければ技術者でもなければ、社会的名声のある人でもなければ、金銭的にゆたかな人でもないのだよ。こういう人たちにも役割はある。お手伝い、使い走りにはなる。しかし、中心になるのは、その町を興し、共同体を興し、家を建て直し、ほんとうに刷新していく軸になるのは「貧しい人たち」なのです。つまり、イザヤは貧しい人たちに派遣されて、「神さまがはたらくのはあなたたちと共にだ！　勇気をもって、自信をもっていいんだ！」と告げる。それが福音なのですよ。「えっ、こんなわたしが頑張っちゃっていいの？」としいたげられた人たちにいわせる知らせ、それが福音です。そして、その彼らが軸になって、力のある人、若さをまだ持っている人、あるいはお金に少しでもゆとりのある人、知識を蓄積するチャンスがあった人、友達をいっぱい持っている人、そういう人たちが、その貧しい人たちの手伝い、助手になって、みんなで作り上げていく。社会の刷新、廃墟の建て直しはこうしてなされるのだ。

イザヤさんが「貧しい人たち」というとき、だれのことをイメージしていたのかというと、おそらくバビロンに捕囚されていた人々であったでしょう。自分の祖国、文化、言語、財産、土地などから引きはなされて、バビロンに移住させられていたイスラエルの民をイメージしていたと思います。当時のペルシアの王様キュロスの解放令によって、「あんたらは、自分の祖国があるんだからそこへ帰り、自分の宗教をちゃんと守ってやっていきなさい」といわれて、とぼとぼとイスラエルに向かって帰っていく民でした。すべてを失って何にもない彼らに向かって、「あなたたちが、神を輝かす正義の樫の木なんだ。あなたたちが、あのエルサレムの町を興していくのだよ、神殿を建て直していくんだよ」とイザヤは励ましている。それが基本メッセージなのです。実はこれと似たようなメッセージは、預言者たちによって、それぞれの時代の貧しく小さくされた者たちに向かって、たえずなされてきた。そして何世紀もたってイエスの時代になり、まさにイエスとその貧しい仲間たちこそ、神がお選びになった正義の樫の木であることを預言的に示していたわけです。

主のしもべの歌

イエスが神に選ばれた者であるということは、イザヤ書に登場する「主のしもべ」との比較からも明らかです。イザヤ書の中には四つ「主のしもべの歌」がありますね、第二イザヤと区分される中に。最初のものが四二章に、二番目が四九章のはじめに、三番目のが五〇章に出てきます。そして、四番目が五二章の終わりから五三章全体にかけて。このように四つの「主のしもべの歌」に、苦しむしもべという姿で出てきます。そのうちのいちばん最初の「主のしもべの歌」にこんなくだりがあります。「見よ、わたしの僕、わたしが支える者を。わたしが選び、喜び迎える者を。彼の上にわたしの霊は置かれ　彼は国々の裁きを導き出す。彼は叫ばず、呼ばわらず、声を巷《ちまた》に響かせない。傷ついた葦を折ることなく　暗くなってゆく灯心を消すことなく　裁きを導き出して、確かなものとする」(四二章1-3節)。つまり、主のしもべは貧しく小さくされた者で、目立とうとしない者でありながら、国々を裁いていく。そのやり方は、ランプが消えかかって明るくなったり暗くなったりすると、ふつうでしたら「ああ、うっとうしい、もう消しちゃえ」と吹き消してしまいますが、主のしもべであるその方は、その消えかけている火を大事に大事にする。葦が折れかけていても、「ああ、もう切ってしまえ」というのではなくて、折れかけたそれを大事にする。無力さの中から出てくる優しさのような、そういうイメージでイザヤは「主のしもべ」を描くわけです。

その「主のしもべ」をもっとも鮮明に描写するのが、四番目の「主のしもべの歌」です(五二章13-14節、五三章1-3節)。「見よ、わたしの僕は栄える。はるかに高く上げられ、あがめられる。かつて多くの人をおののかせたあなたの姿のように　彼の姿は損なわれ、人とは見えず　もはや人の子の面影はない」。つい、目をそむけてしまいたくなるようなそういうイメージです。「わたしたちの聞いたことを、誰が信じえようか。……乾いた地に埋もれた根から生え出た若枝のように　この人は主の前に育った」。その「主のしもべ」とはどんな人か。「乾いた地に埋もれた根から生え出た若枝」と書かれている。若枝というと何かいきがよさそうですね。しかし、エッサイの若枝が切り株からすっと出てきたという(一一章1節)、あの場合の若枝とヘブライ語の原語は違うのです。ふつう「若枝」というのは「ネツェル」というヘブライ語が使われるのですが、ここでは「ヨーネク」です。つまり、か細い枝、なにか頼りないイメージなのです。むしろ乾いた土の中に無理やり張っていく根っこがあって、その先に出てくる筋根、地上に出ている部分ではなく、曲がりくねってみっともない、その筋根を指すことばなのです。ですから「主が選んだしもべ」とは、「乾いた地に埋もれた根から生え出た筋根のように、この人は主の前に育った」。ほんとうに、とことんみっともないといいますか、みじめな姿なのですね。「見るべき面影はなく　輝かしい風格も、好ましい容姿もない。彼は軽蔑され、人々に見捨てられ　多くの痛みを負い、病を知っている。彼はわたしたちに顔を隠し　わたしたちは彼を軽蔑し、無視していた」。

「主のしもべ」というとき、イザヤは具体的にだれをイメージしていたのかといえば、やはりさきほどの正義の樫の木と呼ばれる「アナビーム」、貧しく小さくされた仲間たちと同じく、バビロン捕囚の状態にあったイスラエルの民なのです、すべてをそがれてしまった。その彼らを一人の人物として擬人化して描く、それが「主のしもべ」です。それが新約に至って具体的に、イエス・キリストを指すことになる。イエス・キリストは、かつての神の選びの民であるイスラエルの、とりわけ貧しく、小さく、弱い立場に立たされていたときの姿を集約した「主のしもべ」と対照されるわけです。

さきほどイザヤ書の最初に出る「主のしもべの歌」として引いた、「見よ、わたしの僕、わたしが支える者を。わたしが選び、喜び迎える者を」の、「私が選んだ、喜び迎える者」を、ヨルダン河で洗礼を受けて、イエスが水からあがったときの天からの声として、福音史家はイエスに当てはめています。また、野宿に野宿をかさねて旅をしている、汗くさい埃だらけの、そんなイエスが、ペトロとヤコブとヨハネでしたか、三人だけを連れてタボル山に登ったときに、イエスが光り輝いて、天から声がする。そのことばも、ここの「主のしもべ」に向かって呼びかけられた、「わたしが選んだこの人に聞け」というものです。したがって、イエスが「主のしもべである」ということの旧約から新約へのつながりは、こういうところにはっきりと示される。そしてまさに、「イエスはどんな方だったの？」ということに、それはつながっていくわけです。

イエス像

ここで、「イエスのイメージ」を、一つずつ見ていきましょう。ヨハネ福音書一章18節には、こんなふうに書いてあります。「いまだかつて、神を見た人はいない。父のふところにいるひとり子である神、この方が神を明らかに示したのである」。多くの神学者たちが、「神さまとはこういう方です」とあれこれいいますけれども、聖書に書かれている理解の仕方はそういうものとはずいぶん違います。イエスが、あの家畜小屋で、馬小屋で生まれて、十字架上で死んでいく、そして埋葬される。その間の、つまり人間の五感でふれることのできる、そういうしかたで示された限りのイエスの生涯、そこに天の御父が示されているのです。それをわきに押しやって、理屈だけであれこれ神さまを想像しないでください。「いまだかつて、だれも神を見た人はいない」。人間となってくださった「神の子」、その人間イエスが人間にわかるように「神を明らかに示した」のです。それが神なのだ。だから「わたしを見た者は、父を見たのである」(ヨハネ一四章9節)とイエスはいわれるわけです。わたしたちはそれに、あれやこれやいっぱい余分なものをつけ足して、変に抽象化してしまって、永遠不変といってみたりします。永遠も不変も、わたしたちは経験したことがない。哲学の世界です。概念の世界。そんなもの、この地上に永遠のものを、見たことある人いますか？　ないでしょう？　不変のもの、何かありますか？　みんな抽象概念です。「神さまは永遠不変で、無限で」という。無限のものだって見たことはない。「そんな抽象的なとらえ方をしないでください」というのです、イエスさまはね。人間となられた神の子、つまりあのナザレのイエスが生まれてから死ぬまでのあいだに、神を表現しているのです。

そのことを、またヨハネ福音書の五章で繰り返している。「わたしをつかわした方、あの父が、わたしについて、すでに証しをしているのだ。あなたがたは、いまだかつて、父の声を聞いたことはなく、父の姿を見たこともない」(37節)。ヨハネは二度も三度も、こんな風に繰り返すわけです。「あなたがたは、聖書に永遠のいのちがあると信じて、聖書を研究している。聖書は、わたしについて証しする書だ。それなのにあなたがたは、いのちを得るために、わたしのもとに来ようとしない」(39-40節)。聖書を一所懸命に学ぶけれども、イエスを見つめてはいないのです。

せめて聖書勉強会などをやりながら、「イエスはどんな方か?」、そこに焦点を合わせて、みんなで意見を出し合うのもいいかもしれない。例えば、ファリサイ派の人と喧嘩している場面がある。「ファリサイ派の人は、何でイエスのことをそこまで嫌ったのだろう？　どんなイエスだったからだろうか？」。そのようにイエスに注目して、イエス像を描きあげていく、聖書を読み進めながら、「ああ、イエスさまって、こんな方だったのか」と、それが少しずつ見えてきたら、「わたしを見たものは、父を見たのである」。わたしに聞くものは、わたしをつかわされた方に聞いているのである、というイエスのことばをかみしめる。天の御父のことも、イエスの示した限りにおいて、はっきりわたしたちは自信を持って、どんな方だといえるでしょう。

ことば（ダバール）

「もし、あなたがたがモーセに信頼しているのであれば、わたしに信頼してあゆみを起こすはずだ。モーセが聖書に書いたのは、わたしについてだからである」（ヨハネ五章46節）。ヨハネ福音書が書かれたのが、おそらく紀元一〇〇年か、あるいは一一〇年か、あるいは一二〇年と推測する人もいますけれど、とにかくイエスからずいぶん時間的に離れているのです。そのころには、すでにペトロが書いたものとか、パウロの書簡など、あるいはマタイ福音書やマルコ福音書も旧約聖書とあわせて、原始キリスト教団の人たちは、「これは聖なる書物」というふうに大事にしていた。聖書と見ていたので、そのヨハネ福音書の中で「聖書」というときには、旧約聖書だけではなく、すでにそのときまでに書き上げられていた他の新約聖書も含まれていたというのが、おおかたの聖書学者たちの一致した意見です。ですから、新約聖書を手にとって、イエスその人が、「どんな方だったのか」ということをしっかりと見つめて、父である神を知るようにしようというのはわかります。しかし、旧約聖書は関係ないだろうな、と思ってしまう。その時代にはまだイエスは生まれていなかったじゃないか、と。けれどもイエスは、はっきりいいます、「モーセが書いたのは、わたしのこと」。つまり、いろんな出来事をとおして神の子イエスのことが語られているということです。出来事からさらにその出来事の結果として次の出来事へ。ユダヤ人の言い方では、これが本来の「ダバール＝ことば」です。

歴代誌という旧約聖書にある文書のヘブライ語のタイトルは「デバリーム」(ダバールの複数形)です。直訳したら「ことばたち」です。言語の異なるどんな人間にも理解できることばは出来事であり、それをダバール＝ことばという。「御ことばを宣べ伝えましょう」というとき、わたしたちは、「どんなふうに話したらいいんだろう、何について、どんな順にしゃべったらいいんだろうか」と考えます。けれども、しゃべることは、人間のコミュニケーション手段のごく一部でしかない、ごくごく一部です。東洋の人たちは、むしろ人の生きざまや後ろ姿からメッセージを読みとるのが得意なのです。そして、イエスもそうでした。

また、受肉した神の子イエスのことを「御ことば」といったりしますが、それは「神のことば」ということであり、神を現し出しておられる方という意味です。人間には見ることも触れることもできない神を、自分の生活に受肉させ、生活化した方だから、それが御ことばなのだということです。もし、わたしたちがイエス・キリストによって現された神の心を生活化していないのに、頭の中だけでさぐり出したことばを語るというのは、御ことばを伝えていることにはならない。ですから、「イエスは神のことばです」というときに、「イエスが、神さまについてなんといったのか?」ということよりも、「イエスが、どんな生い立ちで、どんな仕事に就いて、人々の仕打ちにいかに応じて、そして最後はどんな死に方をしたのか?」に注目することが大事です。それこそが神のことばなのです。その神のことばを補足的に説明するのが、イエスの話です。

話というのはその程度のことなのだと考えたほうがいいと思います。薬のビンや箱に貼ってある効能書きがありますね。いまわたしが話していることや、教会でなされる説教は、効能書き程度の意味しかないのです。ですから、何回説教を聞こうとも、一人ひとりはあまり変わらないでしょう。説教の効果は、あまりないというのが実感ですよね。あるはずがないのです。薬そのものを飲んでいないのですから。能書きを聞いているだけなのですから。かんじんなのは中身の薬です。お互いそれぞれが自分の生活の現場で現す生きざまに、キリスト、本物のキリストが語られているか、です。それを「いかに受け止めるべきか」というときに効能書きが役立つのです。神父や牧師たちが語る説教は能書きにすぎず、御ことば(ダバール)を伝えるのは人と人との生身の出会いです。その出会いの経験は、「実はこういう成分からなっていて、こういう特徴をもっている。だから、その出会いのときを、そのままに大事にしたらいいんだよ」みたいな能書きだったら、御ことばを宣べ伝えるのに役に立つわけです。

「聖書はわたしについて証しする書だ」といわれます。だからこそ極力イエス・キリストを探し求める聖書の読み方が必要なのです。人によっては、「イエスの弟子のペトロ、あの人の単純素朴な性格が好ましいから、わたしはペトロのように生きることを努力目標にしましょう」という読み方をけっこうします。女性であれば、「あのマグダラのマリアのように、熱烈にイエスを慕う、そんな生き方を自分の目標にできたらいいなぁ」などと。あるいはマルタがいいか、マリアがいいか、奉仕型か観想型かという昔からある議論に囚われたり、とかくわたしたちはイエスのまわりの人物の中から自分好みのタイプをさがして、その人を目標にしてしまいます。けれども、そうであってはならない。そのためであれば、聖書はいらなかった。小説『徳川家康』を読めば、もっといろんなタイプの人間描写があるし、ずっとわかりやすい。

聖書はイエス・キリストのことを書いているのだと自分に言い聞かせながら読むよう

にしたい。ですからやはり、「あのマルタさんが、なぜあれほど一所懸命にイエスを歓待しようとしたのか。その妹のマリアさんは、またなぜイエスにべったり引っついて、一つのことばも聞き漏らすまいという態度をとったのか」。その「どちらが正しいか」ではなく、マルタにしても、マリアにしても、それぞれの性格に応じてイエスをもてなしたはずだけれど、それは、イエスがどんな方だったからなのか。そちらの方を探し求めていかなければ、聖書を読んだことにはならない、というわけです。

「へりくだり」の差別性

やはりわたしたちは、「イエスとはどんな方だったのか」ということをきちんと押さえ直す必要があると思うのです。わたしは子どものころから、イエスさまとは、乏しい中で四苦八苦して生きなければならない大勢の貧しい人々の仲間になってくれた人、そう思っていました。「イエスさまはふつうに暮らせる人だった。だけど英雄的に、貧しい人たちの仲間になられた方、あ、すごいなぁ」と思っていたのです。そして「イエスさまは、ラビや先生と呼ばれているから、かなりのレベルまでの学問を修めた人だったはず。そのインテリであるはずのイエスが、無学な大勢の民衆たちの仲間として、へりくだって、彼らと歩みを共にされたのだ」。そんなとらえ方をしていたので、教会の中でも、身分のある、家柄もいいといわれている人が、貧しい人たちの中に入って、いっしょに汗水流していると聞くと、わたしたちはついうっかり拍手喝采してしまうわけです。「すごいなぁ」と。その差別性にはまったく気づかないで。

社会的に高い位置にいられる人、そこそこのところにおれるはずの人が、下に降りることをことさらほめるということは、はじめから下積みでがんばるしかない、そういう状況におかれている人たちを差別することになると気づいていないのです。へりくだるキリストを模範にして生きるのがキリスト者の道であるならば、はじめから社会の底辺や、はしっこの方に追いやられて、だれもまともに相手にしてくれないような、そんな生活をせざるをえない人たちにとって、「じゃ、わたしたちはキリストに倣うチャンスもないっていうこと？　そこそこ身分のある人たちがキリストに倣うための道具になってあげるだけのことなのですか？」　そんなの不公平です。もし、イエスがそんなことを教えたとしたら、そりゃおかしい。わたしたちがキリストをそんなふうに思い描いているとしたら、現にとことん貧しく小さくされて生きている人は、もうキリストの教会にはいたたまれない。教会の敷居をまたげない。わたしたちがその人たちを教会から排除しているのです。

誕生の秘密

では、実際にはどうだったのか。イエスは家柄の良い家に生まれましたか。そうではなかったわけです。しかも、家畜小屋で生まれたらしい。なぜ家畜小屋だったのか？あのルカ福音書とマタイ福音書の、イエスの誕生物語あたりをていねいに見ればわかります。すごく厳しい、本当につらい、マリアにとっても養い親となったヨセフにとっても、耐えられないくらいの差別と排斥がそこには物語られています。きれいな星を飾った馬小屋で、羊たちに囲まれて、といったロマンチックなクリスマス・メッセージではないのですよ。だってヨセフといいなづけのマリアは、人口調査、住民登録のためにヨセフの生まれ故郷ベツレヘムに、つまり実家の村に帰ってきた。実家の村だから、とうぜん本家がそこにあるはずです。本家の家長を通じてローマ総督に、「うちの家系は、何歳以上の男子が何人、女子が何人、子どもが何人、羊が何頭」という具合に、登録するわけですから。だから本家があるだけではなく、その親族、一族の家も、その小さなダビデの村にいっぱいあったはずです。なのになぜ、マリアが出産間際であるにもかかわらず、親戚の家のどこにも入れてもらえなかったのか。それだけではなくて、宿屋でもこのカップルは断られています。ルカは報告しています。「彼らのためには、場所がなかった」(二章7節)。親戚たちの家は、もうすでに先客でいっぱいで、彼らの割り込む隙がなかったんだ、宿屋もそうだったんだ、だから家畜小屋で出産することになったのだ、という説明は、文化人類学的な側面を無視した解釈です。セム系の言葉、ヘブライ語やアラム語やアラビア語、そういう言語圏に属する民族は、とりわけ家族や部族を大切にする。だから遠い親戚のだれかであっても、他部族から侮辱を受けたら一族をあげて仕返しをするぐらい、そりゃもう大事にする。ですから自分たちの血につながる新しいいのちが生まれるというときには、家族や親戚をあげて大喜びする。それなのに、出産をひかえるヨセフとマリアはどの親戚の家にも入れてもらえず、宿屋にも断られた。これは何かあるわけなのです。実は、「マリアの妊娠がヨセフのあずかり知らぬことだった」というのがバレバレになっていたということのようです。

わたしたちが聖書を読むかぎり、マリアにもヨセフにも、天使のお告げがあって、聖霊によって身ごもったと、そう説明されているから、「ああ世間の人たちは、マリアの妊娠がヨセフによるものと信じて疑わなかったはず」と思っていますが、実際には、例えばマルコ福音書の六章ですが、イエスが久しぶりに故郷に帰ってきたとき、軽蔑をこめていわれます。「この男は石切(大工)で、あのマリアの子ではないか」(3節)と。じっさい、イエスはそのことばを聞いて、「預言者は、自分の故郷、親戚や家族のあいだでは、軽んじられるものだ」(4節)という。はっきりと、軽蔑のことばとして受け止めていたのです。つまりイエスは父親のわからない子どもだと、当時の人たちは気づいていたということです。まして伝統色の濃いベツレヘムの村は、律法に違反したカップルを、いくら親戚とはいえ許し難い、ということで排斥したわけです。その結果が家畜小屋だったのです。だから、マリアもヨセフも罪人というレッテルを貼られた状態だった。「罪人の子としてのイエス」なのです。後に、ファリサイ派との論争に際して、イエスが「徴税人や罪人の仲間」といわれたとしても、それはケンカをしているときの売りことばに買いことばとしていわれたわけではなくて、その当時の社会認識として、「イエスは罪の結果生まれた子」であって、「穢れた者」としか見られていなかったということです。

大工の仕事

ヨセフもイエスも、その職業は大工と書かれている。その「大工」の主な仕事は何かといえば、実は石切なのです。日本でしたら大工さんといえば、木材を素材にする職種です。ヨーロッパでも、アメリカでもそうです。ここは、ギリシア語では「テクトーン」（切る・けずる人）とありますから、英語なら「カーペンター」で、日本語なら「大工」と訳してもまちがいではないでしょう。けれども、その時代の「大工」にあたる人たちが、何を素材に仕事をしていたかといえば、山から掘り起こしてきた、ごつごつした大きな石の塊です。それを、縦横何センチ、高さ何センチのブロックに切り分けてゆく地味な仕事なのです。

朝から晩まで、石の粉を吸いつづける。そのために、職業病としての塵肺があった。肺が固まり、呼吸困難を起こして早死にする。そんな生命の危険を伴う職業はみんな「罪人」の仕事でした。ヨセフもイエスもそうした職業にしかつけなかった、ということです。

イエスの時代の主要産業は農業です。麦、小麦、大麦、ライ麦、あるいは果樹園でぶどうや、いちじく桑を育てる。人口の大半は農業に従事していたといっていい。清めをしてもらうゆとりのない貧しい人や罪人とみなされた人たちは、それ以外の仕事に就くしかなかった。漁師や、荷物運びの運搬業、石切や皮なめし、テント作りなどです。医者も差別の対象となる職業でした。それらの人々は、いつも肩身のせまい思いをしいられながら生きるしかなかったのです。

酒飲み

イエスは、まわりの人たちからいつも何といわれていたか。当然、予想されることですが、「徴税人や罪人の仲間」、そして「食い意地の張った酒飲み」です。新共同訳では、「大食漢で大酒飲み」としていますが、「ファーゴス」というギリシア語は、大食いというよりは、いつもお腹をすかせ、ひもじい思いをしていて、何かしら食べ物を見つけたらつい手が出てしまう。そのように、食べ物に関して意地汚いイメージです。

「大酒飲み」と訳された「オイノポテース」にも、大酒という意味はない。「オイノス」はぶどう酒、「ポテース」は「飲む人」です。要するに、ただの「酒飲み」なのです。大酒を飲むといえば、まだ威勢のいい、気分の高揚した感じがともなうけれども、「食い意地の張った酒飲み」とは、イメージとしてはまことにみじめでなさけないものです。イエスのくらしは、そういうものだった。

ふだんから貧しく小さくされていたイエスでした。そんなイエスだからこそ、人として何がぬくもりをもたらすことなのか、何が冷たく怖いことなのか、だれよりもよくわかっていたのです。おそらく、会堂で聞く機会があったに違いない、聖書の中からひびいてくることば、「隣人を自分と同じように大切にしなさい」なども、切実に「そうなんだ！　そのようにしてくれよ！」といったふうに受け止め、父である神の心をそこに感じ取っていたのではないか、と思われます。

イエスは痛切に感じるままに、同じようにつらい思いをしている人たちに支えられながら、思うことを堂々と口にしていく。そういうイエスは、社会の大勢を占める、きちんと律法を守り、そこそこゆたかな生活をしている人たちから見れば、実にうっとうしいかぎりの存在です。「お前は、いったい何をいってるんだ」と。イエスは、ファリサイ派の当時の宗教指導者に向かって、「お前らは、白く塗った墓だ！　偽善者よ」という。会う度にそんなことをいわれたら、指導者側に立つ人々は、これはもうたまらない。殺してしまえ、ということになるわけです。そして、呪われた犯罪者として十字架の上で殺されてゆく。糾弾することによって、その最後の最後まで、キリストはファリサイ派の人たちの回心を願っていたのです。

神は低みから

このように、低みに生まれ、低みに立ちつづけ、低みに死んだイエスが、「わたしを見ている人は、わたしをつかわした方を見ているのである」(ヨハネ一二章45節)といわれる。天の御父もひょっとすると下からすべてを支え上げるはたらきをしておられる方なのではないか。わたしたちは、「天の父よ」とか、「在天の父よ」と祈るとき、高いところにおられる神さまをイメージしていますけれども、それでいいのだろうか。

新共同訳のプロジェクトで、詩篇一一三篇の翻訳に関して一つの重大な気づきがありました。この箇所には、「シャファール」という動詞が出てきます。その活用形で分詞の形、「ハンマシュピリー」です。これを従来、「神は御座を高く置き、その高みから天と地を見下ろされる」(5-6節)と訳してきました。そのため、天に高くいます神のイメージが定着してきたのです。神さまは、天の高いところからわたしたちみんなを見ておられます、というような神さまのイメージです。それを新共同訳では、「低く下って天と地を御覧になる」と訳して、神の視座が低みにあることを明らかにしたのです。これだけでも十分画期的な功績だと思います。でも、それはまだ、従来の神学的な発想に引きずられている不十分な訳です。「神さまは、あるいは神の子は、上から下にへりくだってくださっている。そしてわたしたちを救い上げてくださる」とする、旧来の神学の影響をまだ色濃く残した訳といわざるをえません。

ほんとうは次のように理解すべきだと思います。「神は位としては最高の方です。でも、神は、いつも低みから天と地を御覧になっておられる方なのですよ。神の視点、神の視座は、天の高みにあるのではなくて地の低いところにすえられているのです」。そしてそれがどれくらい低いところかというと、「弱い者を塵の中から起こし　乏しい者を芥の中から高く上げ」(詩篇一一三篇7節)る。塵と芥、つまりゴミとホコリが降りつもるような、低い低い、社会の低み、そこに天の御父のはたらきの場があり、そこからいつも天と地のすべてを見ておられる。そこからすべての恵みがさし出され、そこから聖霊がほとばしり出ているのです。

聖霊降臨

「神のことば」であるイエスは、とことん底辺に立ちつづけることによって、天の父である神がどういう方であるか、わたしたちにわかるように示してくださいました。おかげで父である神も、下からすべてを支え上げ、いのちを与えてくださっていることがわかるのです。ですから聖霊のはたらきもまた低みからのはずです。教会における最初の聖霊のはたらきが示されたのは、貧しく小さくされた弟子たちがユダヤ人たちによる襲撃をおそれて、「戸という戸に鍵をかけて」集まって、祈っていたときでした。舌の形をした「ほのお」が一人ひとりの頭の上に止まったという、聖霊降臨のときです。なぜ、聖霊が炎や火で象徴されるのか。上に向かって燃えあがる火ですよ。火は、やはりいちばん下につけるしかない。たき火をするときもそう、竈に火をくべるときもそうです。新聞紙をまるめて、火をつけて、それに細いほだを並べて、そこまで火がまわってきたら薪を乗せて、下から上へと燃え移っていく。聖霊のはたらきもそのようなのです。貧しく小さくされた仲間たちをとおして聖霊ははたらいているのです。父も子も聖霊も、はたらくのはいつも低みからだと言い切ってよいと思います。

東方の三人の博士

村中からうとまれたイエス誕生の折りに、お祝いにかけつけた二組の人たちがいました。どちらもユダヤ社会では「罪人」とみなされる人たちでした。東からやってきた三人の博士。マタイ福音書二章に報告されているエピソードです。原文では「マーゴイ」となっています。これはギリシア語ではなく、ペルシア語を音写したものです。「マーゴイ」とは博士でも王様でもなく、占い師です。占い師は医者とカウンセラーの役割もする、原始的な形で人の悩みを受けとめる人たちです。病人がいたら、あの薬草、この薬草といろいろ試したり、病気の元とみなしていた悪霊を払ったり、病人の痛みをわが身に共有するというようなことです。すると、病人は「あ、自分だけではなくて、目の前の相手もいっしょに、この痛みをわかってくれている」と気持ちが楽になる。コンパッション、つまり共に苦しむことでいやしが行なわれる。これが占い師=「マーゴイ」でした。ユダヤ社会では異端視され、「罪人」とみなされる人たちでした。それが、東の方からやってきたのです。

ルカ福音書二章が報告する祝いの訪問者は羊飼いたちでした。当時、羊飼いは賤業、卑しい罪人の職業とみなされるようになっていました。アブラハムの時代、イサクの時代は、牧畜が誇り高い主要産業でしたけれども、それから長い歳月が経過して、カナン地方は農業を主流とする、農耕文化に変わっていました。文化的な価値観も農耕を軸として考えられるようになる。そんな時代に、なおかつ羊飼いをやっている人々は、貧しい人か、「罪人」かでした。

律法を守るという点から見ても、移動する羊飼いにはむずかしいことです。羊を追って草のある土地から土地へ、遠くまで行かなければならない。律法の「シャバト」(安息日)の細かな決まり、「シャバトと決められた金曜日の日没から土曜日の日没まで、何キロ以上歩いてはならない」、「荷物を運んではいけない」など、羊飼いをしているかぎり、とても律法など守ってはいられない。当時は、羊飼いにかぎらず、常習的に律法を破らざるをえない仕事に就いている、そんな生き方をする人たちを、「罪人」と呼んでいました。「罪人」とみなされる人たちの中には、ただ経済的に貧しいがゆえに、生きるために負う「穢れ」を清めてもらうお金の工面がつかない、供え物を用意できないために穢れを引きずって生きざるをえない、そんな人たちもいました。ほとんどがそうだったようです。

イエスの誕生を祝うために駆けつけたのは、かたや罪人にランクされていた異教の占い師たちであり、かたや「穢れた職業」の羊飼いたちであったわけです。

ところで、「東の方から来た三人の占い師」の東とは何でしょうか。日本では東といえば、太陽が昇る方角であり、明るさ、希望のシンボルといったイメージですが、パレスチナ地方では、例えばエルサレムの町にいて東の方といえば、死海にそそぐヨルダン河が流れていて、さらにその向こうにはずっと荒れ野が広がっており、その奥はからからに干からびたアラビアの砂漠です。東からくるものにろくなものはない、というのがその時代の価値観でした。「東風が吹けば泉が涸れる」、「東風に乗ってイナゴの大群が押し寄せてくる」。東とは不毛の地と貧しさのシンボルです。「ルゥアッハ　カディーム」、ヘブライ語で「カディーム」とは東、「ルゥアッハ」は霊ないしは風、「ルゥアッハ　カディーム」が吹けば、せっかく育ちはじめた野菜やぶどうの苗も枯れてしまうといわれていました。東の方からくるものは貧しさをもたらすもの。東は、とにかくろくなものではないと考えられていました。

貧しいはずの彼らが持ってきた黄金と乳香と没薬とは、ずいぶん高価なものではないか、隠し金でもあったのか、と思われるかもしれない。しかし、それらの献げ物は、どうみても象徴的な意味を担わされていたはずです。「イエスは人類を救ってくれる王のような方だ」と認めたという、そのことのシンボリックな表現なのです。実際に、マタイが黄金と乳香と没薬を見たわけではない。おそらく、「ほんとうにこの方が、村人のだれからも祝福してもらえず、こうして『罪人』として生まれた、この方こそ救世主なのだ」と認めたということの象徴的な表現なのでしょう。「この小さくされた者に、(生ぬるい水ではなく)よく冷やした水一杯でも差しだす人は……」というのと共通するメッセージの表現ではないかと思われます。

「東」について意味深い描写があります。エゼキエル書四〇章から四七章の中に描かれる「理想的な神殿」で、そこでは正方形をなす神殿のイメージが語られています(四〇章)。その神殿の神が入ってくる入り口は東を向いていました。神の居場所である神殿の入り口は東向きに、つまり貧しく小さくされた者たちに対して開かれているべきだということになる。そして、なぜかはわかりませんが、祭壇の南側から湧き出て流れる水は、東の方に流れていく。それが次第に深くなっていく。その両岸には果物や薬草や、さまざまなゆたかなみのりが恵まれる(四七章)。聖書のメッセージは、やはりすべてつながっていると考えるべきでしょう。

悪霊のかしら

イエスは、このように貧しく小さくされた者として生きた方でした。そのイエスはまた、「悪霊＝ベルゼブルに取りつかれている」(マルコ三章22節)とまで決めつけられたのです。当時、社会的な意味で徹底的に抹殺するためには、「この人はおかしい。精神異常だ」というレッテルを貼るのが早道だった。これは抹殺のためのいちばん効果的な方法でした。今日でも、どこの社会でも似たようなことが行なわれています。

イエスはそのように扱われていた。「でも、イエスはラビと呼ばれていたじゃない？先生と尊敬されていたはずだけど？」と思われるかもしれませんが、イエスがラビとか先生と呼びかけられている箇所の前後を、ていねいに読み直してください。イエスをそう呼ぶのは、本当に貧しく小さくされている民衆、仲間たちだけなのです。しかし、例外がある。それは何かといえば、ファリサイ派の人、ヘロデ派の人、それからユダヤ衆議会の議員たち、ニコデモなどですが、こういう人々が、「ラビ、先生」といってやってくる。その意図するところは、弟子の振り、味方の振りをして断罪するための証拠集めでした。イエスこそ貧しい仲間たちにとって、ほんとうに自分たちのラビ、先生だったのです。ですから、その時代の祭司制度におけるラビ、先生という位置づけではなさそうです。

無学のイエス

おそらくイエスは、ヘブライ語の聖書は読めなかったのではないか。せいぜい理解できたのは、当時一般の民衆が話し、かろうじて読めたアラム語くらいだったのではないかと思います。しかし、ルカ福音書四章でしたか、会堂に入ったイエスにイザヤの巻物が渡され、イエスがそれを読み、そしてみんなはイエスが何というかと注目していた、という箇所がある（16-21節）。そうすると、どうもイエスはヘブライ語を読めたのではないか。ラビとしての学問を修めたのではないか、といわれるかもしれません。けれども、ここでルカという人について考えてみる必要があります。

このルカがパウロの紹介する医者のルカだとすれば、四人の福音史家のうち、ルカさんだけが、生前のイエスと会ったこともなく、当時のパレスチナを知らなかったことになります。パウロの影響で洗礼を受け、クリスチャンになったローマ人で、しかも、ユダヤ人の聖地イスラエルから遠く隔たったローマの、離散ユダヤ人たちの中からキリストを信じるようになったグループの教会に属しています。離散ユダヤ人たちは祖国イスラエルに強くノスタルジアを持っていて、旧約聖書に書かれている規則や決まりごと、「男子は何歳になると何をする」とか「毎年、神殿詣でをする」といったことを重要視し、祖国ではみんな忠実に守っているものと信じていた傾向がある。そして、それらすべてをイエスに当てはめて、ルカはイエスの幼年物語を書いたようです。

でも、ほとんどの聖書学者が、イエスの時代にはかなり旧約の習慣が崩壊しており、よほど余裕のある人でないとエルサレムの神殿参りをすることはなかったといいます。また、各地方の会堂はすべて、イエスを目のかたきにするファリサイ派の管理下にあり、そこで、イエスにイザヤの巻物を朗読させるということは、ありえないことです。ただ、ルカはイエスこそユダヤ人たちが待ち望んでいた救い主なのだ、ということを証明する一つの説得力のある手だてとして、ユダヤ人キリスト者たちに向けて、旧約の習慣をイエスに当てはめて、福音書をわかりやすい形に編集したのではないか、と思われます。

もう一つの傍証は、ヨハネ福音書七章15節です。イエスは、「学問をしたわけでもない」と、当時の宗教審問におけるユダヤ人側の証言として書かれている。じっさい、罪人と見なされた石切のせがれイエスには、学問をするゆとりもチャンスもなかったはずです。

わたしの身内

こういうふうにみてくると、イエスがほんとうに小さくされた者として、この地上で生活されたということがわかってくるのではないでしょうか。「わたしの身内である、このいちばん小さくされている者の一人にしたのは、わたしにしたのである」(マタイ二五章40節)というイエスのことばも、小さくされた者の一人であるイエスが、ほんとうに彼らを自分の身内だと感じ、一体感をもって語られたに違いありません。

「兄弟」という聖書によく出ることば、教会でも兄弟姉妹と信者同士を指して使いますね。あれ、もとはヘブライ語の「アッハ」(単数)、「アヒーム」(複数)で、兄弟よりも広い意味のことばです。日本語で身内といえば「身の内」のことで、体の一部ということです。家族も身内だし、親戚も身内です。

身内感覚はどこからくるのか。指の先を爪でつねってご覧なさい。痛いですよね。痛いのは指だけれども、わたしが痛くて我慢できない。つねるのやめてくれ、ということになる。わたしの問題としてほっとくわけにはいかない。これが身内感覚ということです。社会の底辺から立つイエスが、いちばん小さくされている者たちに限定して、「わたしの身内(兄弟)であるこのいちばん小さくされた者にしたことは、わたしにしてくれたのだよ。しなかったのは、わたしを見て見ぬふりをしてほったらかしにしたということだよ」といわれたのは、そういう仕方で、神は低みからはたらきかけて、すべての人に解放と救いをもたらす方であることを告げているということです。

復活後のイエス

復活後のイエスがどんな姿で弟子たちに現れたか。これは実に興味深い問題です。ヨハネ福音書に最初に記録されているのが、お墓の前で泣いていたマグダラのマリアに、イエスが現れたというものです(二〇章11-18節)。そのとき、マグダラのマリアは、イエスと顔をつき合わせてことばを交わしているのに、「園の番人だ」と思いました。「園の番人」とは墓守のことで、ユダヤ人の職業の位置づけからすれば穢れた職業です。これは、社会的に罪人と見なされた者しか就かない仕事でした。死体に触れることは、穢れのさいたるものと考えられていた。

墓守に向かって、マグダラのマリアはいいます。「もしあなたがあの方を運んだのなら、どこへ置いたか言ってください。わたしが引き取ります」。あれほど親しくイエスに寄り添っていたマグダラのマリアですら気づかない、そんな姿で、イエスはご自分を現すのです。しかも、まっとうな社会人がさけたがるような、貧しく小さくされた者の姿で現れてくる。そして何かの拍子に、「あれっ、この人、イエスじゃないの！」と気がつく。マリアはみんなに報告する。

また、エマオに向かう二人の弟子に、一人の旅の男が道連れになる。夕方になって、「今夜はここに泊まりましょう」というのに、その男は一人だけ「まだ先に行くようすだった」とルカ福音書に書かれている(二四章28-29節)。夜、町や村の外に出て行くというのは、当時としては危険であると同時に、そういう人はまことにうさんくさい、怪しげな印象をもたれたようです。しかも、たいていは二人、三人と連れだって旅をする。これが、そのころの常識でした。それなのにその男は、夜に一人で旅をつづけるようすだった、というわけです。二人の弟子はあとになって、そのあやしげな男がイエスだったと気づくのです。

　そして最後は、ガリラヤ湖です(ヨハネ二一章2-12節)。弟子たちは刑死したイエスをあきらめ、漁師としての仕事に、ふつうの生活に戻っていた、ペトロをはじめ七、八人が漁に出かける。不漁に終わるわけですが、その明け方早く、岸辺を歩いていた一人のみすぼらしい男が、「おーい、なんか食べるものないかぁ」と声をかける。何もとれずにくさっていた船の弟子たちは「ない、ない」と答える。すると、その男は岸辺から、「舟の右手に網打ってごらん」という。投網《とあみ》だったようです。そのとおりにすると、なんと水から上げられないほどの魚がとれた。そのとき、ヨハネが、「えっ、ひょっとすると主じゃないか！」と気づく。「二百ペキス」しか離れていなかった、といいます。およそ百メートルくらいでしょう。海や湖で百メートルの距離とは、ほんのすぐそこに感じます。それに漁師ですから眼はいいはずです。その距離で人違いはありえない。でも、彼らはイエスだと気づかなかった。「主だ」とわかって、ペトロがまいあがり、船からとび降りて、ジャブジャブと水の中をイエスのもとに急いだ。するとそこにいたのは野宿の男で、その人がイエスだった、というわけです。炭火がおこしてあって、干し魚とパン切れがのせてあった。まさに、野宿の状態です。いまでもそうですが、田舎で野宿する人はまずいない。都会から遊びにきた若者がキャンプするのとはわけが違います。ましてやそんな習慣もなかった当時、野宿の一人暮らしをしいられるということは、村共同体でもてあました、手に負えない人ということです。イエスはそのような人の一人として、弟子たちの前に自分を現したのです。

底辺の底辺に立つ者

イエスは最後の審判の場面を説明するときに、「わたしの身内である、このいちばん小さくされている者にしたのは、わたしにしたのである」(マタイ二五章40節)といわれたとおり、その時代の社会にあっていちばん小さくされた者の姿で、しかもあれほど親しかった弟子たちにも見覚えのない人として自分を現しているというのです。この福音のメッセージを見すごしにしてはならないのです。わたしたちも本腰を入れて、わたしたちのまわりにいる、近くにいる、わたしたちの手助けをほんとうに必要としている、そういう人たちにイエス・キリストを見て、すすんで隣人になっていく。それこそがキリスト者ではないでしょうか。

断っておきますが、イエスはわたしたちに貧しく小さくなれ、といっているのではありません。家族があり、苦しみも喜びも共にしながら、支え合って生きていけるということはほんとうにすばらしいことなのです。それをなげうつことが潔いことだとか、それがイエスに倣う献身だ、などというまちがった英雄気取りの発想は、傲慢以外のなにものでもない。

貧しいことは決していいことではない。小さくされることが神に喜ばれることではない。なぜなら、現に小さくされている人たちは、少しでもゆとりのある生活を願っているからです。その願いの実現のために協力する人をほんとうに求めているのです。ゆとりのあるクリスチャンが、そのゆとりの中でかってに推測して、貧しくなることによって神に近づく、といったような、そんなまやかしごとをいったら駄目です。このことに関しては、カトリックの修道者たちの責任はけっして小さくない。「清貧」の誓願を立てることによって、より神に近づいた生活を送っているかのように印象づけてきました。そして、中世以来、一般の結婚生活を送っている人たちも、修道生活のほうがキリスト者としてすぐれていると人々に錯覚させてきた。これもやはりまちがいです。「神の子は、上から下にへりくだった方だ」という、この根本的な解釈ミスがすべてに影響を及ぼしてしまっているのです。

フィリピの人々への手紙にあるキリスト賛歌、「キリストは、神の身分でありながら、神と等しい者であることに固執しようとは思わず、かえって自分を無にして、僕の身分になり、人間と同じ者になられました。人間の姿で現れ、へりくだって、死に至るまで、それも十字架の死に至るまで従順でした」(新共同訳、二章6-8節)という訳は、たしかに上から下への下降線を示しています。神→人間→僕→十字架の死。へりくだることを高く評価する訳になっています。しかし、原文の意味は、こうです。「神の子は人間の姿で自分を現した。その人間とは奴隷状態の人間であった。そして、すべてにおいて神に従う者として十字架の死までも受け入れた方なのだ」ということです。つまり、下からすべてを支え上げる方、それが天の神であって、低みからはたらいておられる天の父を、見える形に、すなわちことば化して示してくださったのがイエスの生きざまなのだ、そう読むべきなのです。

イエス自身についてのたとえ話

イエスは、いろいろなたとえをもちいて話しました。自分のことを話すとき、自分を何にたとえたでしょうか。「わたしは羊飼いです」といわれる。当時、羊飼いはけっして誇れるような仕事ではなかったことは、先にも触れました。当時の一般的な価値観からすれば罪人の職業でした。また、イエスは自分を、「サマリア人」にたとえています。サマリア人はユダヤの人々から、「犬」と差別されていました。また、イエスは「わたしはぶどうの木で、あなたがたは枝である」といっています。

ぶどうの木といえば、わたしにはぶどう棚のイメージしかなかった。すっと伸びて、人の背丈よりも高いくらいのところに、横に枝をはわせて、たわわに実をつける、あれです。そんなぶどうの木のイメージからすると、どうもこれだけ他のたとえと違うなあ、と思っていました。けれども、何年か前のこと、何度目かのパレスチナ訪問でしたが、アラブ人のバスに乗っていたときでした。畑らしいところにぽこっ、ぽこっと膝より低いくらいの緑の塊が見えました。「あれ、何の野菜?」と聞きますと、「ぶどうの木じゃないか、知らなかったの?」という答え。えっ、と思いました。日本で見なれたぶどうの木とは別物の姿でした。雨が少ないせいでしょうか、枝をあまり長くは伸ばさないし、できるだけ幹を低くおさえているようです。おそらくパレスチナ地方で、いちばん背が低い木、それがぶどうの木なのです。上に伸びようとする芽や枝は、すぐにツンと摘まれてしまいますから、幹はコブコブしてぶさいくです。スラーと伸びたイメージはまったくありません。そこから枝を伸ばして、たまたまそこにいちじくの木でもあれば、それにすっと絡んでいく。石垣があればそれに這っていく。

「わたしはぶどうの木であり、あなたがたはその枝である」。この木につながっていない枝は、枯れてしまって実をつけられないよ、というあの有名な話ですが(ヨハネ一五章4-5節)、そのぶどうの木のたとえすら、ほんとうに小さくされた者のイメージだったということです。「わたしは天からやって来た、生きたパンである」(ヨハネ六章51節)も、「いのちの水」(ヨハネ七章38節)も、人々の口でかみくだかれ、飲みこまれて、その人たちにいのちを与える者ということでしょう。

イエスが「わたしは世の光である」(ヨハネ八章12節)というとき、それはイエスのイメージを表現するというより、役割を語っている。イエスは同じ「世の光」を、山上の説教において、貧しく小さくされた多くの民衆にあてはめて、「あなたたちは世の光である」というのです(マタイ五章14節)。貧しく小さくされている人たちは、イエスと同じ役割をはたしているということです。

このように、イエスは徹底して貧しく小さくされた者の一人であることを示すことによって、世の貧しく小さくされている人たちに、自分と同じように神が共にはたらいておられることを、なんとかして気づかせ、勇気づけて立ち上がらせようとしたのだということです。

イエス・キリストの貧しさ、小ささの中に天の父である神のはたらきを見るキリスト者の使命は、イエスと同じように貧しく小さくされている人たちに、「地の塩」「世の光」として、自信をもって立ちあがるように伝えることにあるのかもしれません。それは口でいったのでは駄目です。例えば、釜ケ崎でアオカンを、野宿をしている人を起こして、「あんたは地の塩だよ」といっても、こいつ何いうとるんや、アホかっていわれるに決まっている。そうじゃなくて、その人がほんとうに地の塩であると認めて、すこしでもその味を分けて欲しいという思いをこめて関わらせてもらうのです。口でいうのはなにかしら嘘っぽいですよ。「あなたが世の光だ」などといって、だれが信じますか。

その人が世の光であるのなら、その人の真の望みと願いの正しさを信じて、その願いの実現のために協力をおしまない関わり方こそ、説得力のあることばでしょう。御ことばを伝えるとはそういうことです。

福音のはたらき

かつて、カトリック信仰を教え込まれたわたしたちの子ども時代は、プロテスタント教会は「異端だ」と思いこまされていました。まして、他宗教については「まやかし」と決めつけ、関わりをもつことを禁じられていたように記憶しています。

けれども、イエスはどうしたか。宗教の違いについて、まったくこだわりをもっていませんでした。マルコ福音書七章にあるエピソードですが、イエスは明らかに宗教の異なるフェニキア生まれのギリシア人の婦人の訴え――「わたしのむすめから悪霊を追い出してください」――に対して、改宗を求めることなく、彼女の信仰の偉大さを認めています。「婦人は、ギリシア人」とわざわざ書いているということは、ユダヤ教徒でもキリスト教徒でもなかったという但し書きです。ギリシアの神々を信仰していたに違いない、そういう人です。イエスはその婦人としばらく対話したのち、その婦人にこういいます。あなたの今の「生きる姿勢を大事にして行きなさい」。

イエスと婦人のやりとりは次のようなものでした。「婦人はイエスに、むすめから悪霊を追い出してくれるようにと願った。するとイエスは言った。『まず、子どもたちに十分食べさせてやってくれ。子どもたちのパンを取って子犬にやるのは、いいことではないだろう』。すると婦人は言った。『主よ、食卓の下の子犬たちも、子どもたちのパンくずをもらって食べます』。イエスは婦人に言った。『その生きる姿勢を大事にして行きなさい』」(マルコ七章26-29節)。「生きる姿勢」は、ギリシア語では「ロゴス」で、よく「ことば」と訳される。けれども、ヘブライ人であったマルコにとって、それはヘブライ語のダバールというイメージであったはずです。ダバールとは出来事、つまり婦人の受けこたえに現れたその生きざま、生きる姿勢のことをいっているのです。イエスのいったことに対して婦人が返したことばではなく、そういわせた婦人の取り組む姿勢のことをいっているのです。

婦人との対話に見られるイエスのことばは、一見おそろしく差別的です。相手がユダヤ人ではなく、ギリシア人だから犬にたとえているのか。ここのイエスを、とんでもない差別者、外国人差別者であり女性差別者であった、と人権感覚にするどい人は見ます。特にフェミニスト神学(女性神学)などでは、ここを大いに取り上げるわけです。しかし、わたしはむしろ逆だ、と思っている。イエス自身が、日頃から「悪霊に憑かれている」「サマリア人」(ヨハネ八章48節)だの、「罪人の仲間」だのというふうに蔑まれて、まっとうな仕事からしめ出され、日々の生活もままならず、「食い意地の張った酒飲み」とののしられる、だれよりも痛みを知る人でした。そんな中でユダヤ社会に生きるこの「異邦人」の、しかも女性がどんなつらい思いをし、どのようなことばを日頃聞かされているかを、だれよりもわかっていた。わかっているからこそ、痛みを共有しているものとして、このようなやり取りをした。つまり、差別されている相手の痛みを自分のこととして知っているからこそ、そういうことがいえたのです。婦人の方もわかっていってくれていることがわかるから、ふつうなら痛みをともなう同じたとえを使いながら、「テーブルの下の子犬だって落ちたパンくずを食べますよ」とほんとうにフランクに話せたのです。イエスはその婦人を励ましています。「『その生きる姿勢を大事にして行きなさい。悪霊はあなたのむすめから、もう、出ている』。婦人が家に帰ると、幼い子は床に寝ており、悪霊は出てしまっていた」。

悪霊がどういうものかはよくわかりません。どんなはたらきをするのか、だれもよくわからないのです。ただ、当時は、なかなか治らない病気や障害は悪霊に取り憑かれているからだ、と信じられていたことはたしかです。母親が解放された結果、その娘に回復がもたらされたというケースは少なくないでしょう。婦人は改宗を求められることなく、「家に帰る」のです。「異教徒」の生活に戻ることを、イエスはまったく問題にしていません。

「異邦人」「異教徒」とイエスとの関わりについて、マルコ福音書五章では、こう報告しています。イエスは、悪霊に憑かれたゲラサ人を解放したのち、イエスについて行きたいというその人に、「自分の家、家族のもとに帰りなさい」という。「そして、主があなたにしてくださったこと、主があなたの苦しみをわかってくださったことを、知らせてやりなさい」と(19節)。その人は、ギリシア人の婦人と同じように、自分の家族のもとに帰っていきます。

豚を飼うゲラサ人がユダヤ教徒ではなかったことはたしかです。「豚を飼う」ということは、ユダヤ人には考えられない。ユダヤ教徒にとって豚は穢れた生き物で、彼らは決して豚肉を食べない。ですから、ゲラサ人が、いっしょについて行きたいといったとき、その人を改宗させる絶好の機会だったはずです。「待ってました。いっしょに行きましょう。あなたたちの宗教を守っていると、とんでもないことになるよ」などと、イエスはいいません。「自分の家、家族のもとに帰りなさい」というのです。自分に起こったことを、みんなに知ってもらうことが大事だというわけです。つまり、それが福音なのです。大事なのは宗教ではなくて、福音。

宗教はたまたま出会って、受け入れたということが多いでしょう。それでいいではないですか。ただし、どんなに立派な宗教に属していても、それだけでは、救いの保証にはなりません。それは、ユダヤ教であってもキリスト教であっても、他の何教であっても同じです。大事なのは、人の痛み、苦しみ、さびしさ、悔しさ、怒りをしっかり受け止め、いましんどい思いをしているその人がいちばん願っていることをいっしょに実現させることです。お金のある人は、そのお金をそのために活用する。必要な技術を持った人を知っていれば、その人に声をかけてあげるのも協力の一つ。看護師の資格を持っていれば、看護師としての援助の仕方もあるでしょう。さまざまな協力の仕方、連帯の仕方があるのです。

もう一つ例を挙げましょう。マタイ福音書八章に、一人のローマ軍の百人隊長が、召使いの病のいやしを、イエスに頼んだときのエピソードがあります。脳溢血かなにかで倒れた部下のことを心配してやってきたのです。百人隊長は、ユダヤ人が「異教徒」の家に入らないことを知っていて、いっしょに行こうというイエスを気づかって、「ただひとこと、言ってください(それだけで十分です)」(8節)という。これを見てイエスは、「イスラエルのだれ一人にも、これほどの信頼にみちた態度(信仰)を見たことはない」(10節)と言い切ります。

この人は明らかにユダヤ教徒ではない。もちろん、キリスト教徒でもない。でも、その人にイエスは信仰を見ているのです。わたしたちは、クリスチャンになってはじめて信仰が問われると思っています。「イエス・キリストを、神と認めることが信仰であり、聖書を信じること、教会を受け入れることが信仰だ」と、信仰の意味を勝手にせばめていますが、イエスのここでの使い方にしたがえば、「信頼してあゆみを起こす」、そのことが信仰なのです。ですから、宗教あるいは教派・教団の違いなど、いっさいこだわらない信仰理解こそ、ほんものと思っています。

福音は告げ知らせるべきであるけれども、宗教は宣教すべきものではないというのが、わたしが最近たどりついた結論です。それぞれの宗教は、その土地、その文化、その生活の一つの結晶です。そこで生きている人にとっては、わかりやすいし、集いの核になりうるものです。キリスト者は、たまたまキリスト教においてつながっているから、それはそれで一つのファミリーとしての役割を果たしているのではないか。

ただ、キリスト教であれ、ユダヤ教であれ、仏教であれ、どんな宗教であれ、そこに属しているから救いを保証されるわけではないのです。このことはパウロの手紙からも読み取れるとおりです。大事なのは、福音を生きるということです。ですから、全世界に行って、「福音を告げ知らせなさい」とイエスはいうのです。「キリスト教を広めなさい」ではないのです。

ふつう、宗教は、自分にいちばんピンとくるものを選ぶことで十分です。宗教団体の側も、「どうぞ、いっしょに仲間としてやりましょう」ということで、何ら問題はない。「うちの宗教に入らないと、救われません」というような、ある種の勧誘や折伏のような宣教をする必要はさらさらない。無宗教でとおしたい人は、それでまったく問題はないのです。あくまでも大事なのは、福音的な視点をもつことであり、いちばん小さくされている人たちの痛みと望みに連帯した現実的なはたらきです。宗教はそれが自分に合っていれば、安心と心の安定を与えてくれ、自己実現のための支えとなります。しかし、解放と真の救いをもたらすのは、福音を生きることによるのです。

救いとは何か

「救い」とは、「神の国に生きる」ということと同義である、とわたしは理解しています。ローマの人々への手紙一四章の、パウロの定義によれば、「神の国とは、……聖霊と一体になって実践する、解放と平和と喜び」(17節)です。

ここでいわれている「正義(解放)」が、法廷での中立な、第三者的な判断による正義ではなく、むしろ抑圧からの解放というニュアンスであることは、聖書の文脈から明らかです。聖書にいわれる正義は、中立の立場をかなぐりすてて、今しいたげられ、苦しんでいるその人の側にしっかりと立ち、抑圧を取りのぞいて苦しみから解放すること。それが正義のスタンスです。したがって、聖書でいうさばきとは、この正義を実現させる行為で、まったく同じ、同義語です。要するに、いま目の前で痛めつけられているその人の側に立たない限り、絶対に正義もさばきも実現できない、ということなのです。この正義すなわち抑圧からの解放が平和を実現させ、人々に真の喜びをもたらす。それを神の国というのです。

　ローマの人々への手紙一〇章9節から10節で、パウロは救いとの関連で信仰について語っています。「あなたが、『イエスは主である』と身をもって告白し、『神がイエスを死んだ者たちの中から立ち上がらせた』と、心で信頼してあゆみを起こすなら、あなたは救われる」。

　つまり、イエスは主＝ヤハウェである、すなわちわたしと共にはたらいてくださる神であることを行動で示し、死んでいたイエスを立ち上がらせる復活の力が、無力なわたしにも必ずいただけるのだと信頼して行動を起こす、そのことが救いを得ている証拠だということです。「人の信仰がどれほどのものかなんて、わかるものではない」とわたしたちは思っています。でも、イエスはわかるというのです。あるとき、弟子たちがイエスに向かって、「先生、わたしたちの信仰を増してください」と頼んだことがある。すると、イエスの答えはこうでした。もし、あなたたちに、芥子種一粒ほどの信仰でもあれば、「この山に向かって、『そこをどいて、湖のなかに移れ』と言っても、そのとおりになる」(マタイ二一章21節)。あなたたちには信仰といえるものは、何もないね。増しようがないよ、ということでしょう。イエスにとっての信仰とは「信頼してやってみること」です。もし、この山が邪魔だ。これじゃ畑にも陽があたらず、野菜が育たない。「この山さえなければ」と思うのなら、神が力をかしてくださると信頼して、自分のできることからまずやってみる、そういうことです。小さなショベルとバケツでも何でも持ってきて、山の裾をけずってバケツに盛って、とことこと湖まで運び、ざーっとあける。それを繰り返し繰り返し、やってごらん。いつか、山は移っている。信仰＝信頼してあゆみを起こすとは、そういうものなんだよ、とイエスはいっているのです。

わたしたちが教会で教えられた信仰は、「神さま、あなたが全知全能な方で、何でもおできになる方であると信じます」と、口と心で言い切ること、そして手を合わせて人まかせ、いや神まかせにすることでしたでしょ。しかし、それでは神も手の出しようがない、とイエスはいうのです。あなたが、細腕でもなんでもいいから、やれるところで動き出したら、その腕に力を注いであげるよ、というのが神の手の出し方です。マジシャンのように中空にさっと手を動かして、ぱっと粉を振りかけてバラの花を咲かせるような、そんな神さまの助け方はないのです。

神がこの世ではたらくためには、具体的に見える形、つまり人間になるしか方法がなかったのです。神のはたらきがわたしたちに伝わるためには、仲間同士、人間同士の協力、努力が不可欠であり、それ抜きに神の助けをあてにはできない、期待しても無駄だということなのです。

イエスの祈りについての教えも同じです。マルコ福音書一一章にこういわれています。「あなたたちが祈り求めることはすべて、すでに得たものと信頼して行動を起こせば、それは実現するのだ」(24節)。祈りとはそういうものです。「祈りが聞きとどけられる」とは、つまりあゆみを起こすことも含めて祈りだということです。わたしたちは礼拝で、手を合わせ、心を澄ませて、「神さま、あなたが全能であることを信じます。どうか、この人の病気を治してください」と祈るわけですが、それで病気が治るのだったら、医者はいりません。しかし、わたしたちはけっこう本気で、そう信じてしまっているところがあります。祈れば治るはずだ、と。アフリカで飢餓に苦しんでいる人を助けたいと思って、自分は動かずに一所懸命祈って、こう期待する。「神さまは、きっと飢えている人たちに食物を送ってくださるはず」と。自分が動いて、自分で送らなければ、あるいは仲間たちに声をかけ、呼びかけて行動にむすびつけなければ、神の力のはたらく場がないのです。神は、必ず人間をとおしてはたらかれる。これが神のはたらきなのです。

「では、神など信じず、人間が自助努力をすればいいというのと同じではないのか?」人間の力には限界があり、弱さもあって、それをのりこえるためには、それ以上の力がいる。そこに神の力がはたらく。神が共にはたらいてくださるという実感、それは自分のささやかな体験の中で見いだしていくしかない。

こちらを立ち直らせるだけの力も手立てもないはずの人の、たったひとこと、表情ひとつで、元気になれた、解放された、という経験をそれぞれが持つことができたら、人間を超える力はやはりあるのだ、イエスがそなえてくれた神の力ははたらいているのだ、と心底思えるはずです。それを証明するために、神は教会のメンバーとしてほんとうに貧しく小さくされた者たちだけを選び、力のある者、権力のある者に面目を失わせたのです。社会で力のある人たちが持っているものよりも、いっそうゆたかで強いパワーがこの貧しく小さくされた人たちをとおしてはたらくことを実証するためでした。

「救い」とは、抑圧からの解放をもたらす正義と、その結果もたらされる平和と喜びです。それは来世で完全な形で得られるとしても、やはり、この世でも実現させるような動き方、生き方をしなければならないと、イエスは「主のいのり」の中で教えています(マタイ六章9-13節)。「いずれは天国があるから」とひたすら耐えたり、がまんさせることは聖書のメッセージではないと知らなければなりません。

不正な管理人のたとえ

カトリックの典礼聖歌集に「小さな人々の」というのがあります。わたしは、これがとても好きでした。メロディーがきれいだし口調もいいし、ハモったりするととても気持ちがいい。音楽的にはすぐれているのですね。ところが、脳性麻痺の障害を持っている一人の先輩からあるとき、「わたしはこれを聞くたびに、ほんとうにつらい思いをしている」と聞かされて、「あっ、そうなんだ」と気がつきました。「小さい小さい者を、みんなで助けてあげよう」と歌うわたしは何様か。しかも、人のことを「小さい者」というけれど、その人たちを小さくしているのはわたしたちではないか。小さくされているがゆえに、その人たちがもつ感性はほんものであり、正しいのです。社会的弱者を、かってにわたしたちの善業の道具にするような不孫な祈りはなくしたい。小さくされている人たちの真の願いにこそ連帯し、その実現のために協力することが大事なはずです。

小さくされている人たちを教会はどういいくるめてきたか。「天国があるから我慢しましょう。苦しみが大きければ大きいほど、ゆたかな報いがありますよ」という。これは弱い者いじめ以外のなにものでもない。しかも、そういう考え方が、クリスチャンとしての霊性のゆたかさから出るかのようにいってきてしまった。そこは、意識して気をつけなければいけないと思います。

わたしたちのなすべき努力は、小さくされている者が小さくされずにすむように連帯していくことです。わたしたちも共に貧しく小さくなることではない。小さいことは決していいことではない。貧しさは追求すべきことではない。「産めよ、増えよ、地に満ちてよ」、これも同じ神の望みだということを忘れてはならない。そこそこに満ち足りている者は、貧しさを美化するようなことを語るものです。それは現に貧しい仲間たちの、いまのしんどさに目をふさいでいる証拠です。わたしたちが満ち足りているということは、現に貧しくされている人たちの分まで、何らかの形で間接的に、自分のものにしてしまっているということのようです。

旧約聖書に、「土地は神のもの」とあります。これはきわめてシンボリックな意味深いことばです。遊牧生活で土地はみんなで共有するものでした。羊ややぎのための草のあるところを求めて、どこにでも移動する生活でした。解放された自由な土地こそ、生活と文化の基盤でした。だれも私物化することは認められないことでした。それを「神のもの」と表現したのでしょう。現代では、わたしたちの生活と文化をささえているもの、それは技術であり、情報や知識であり、学問であり、資源であり、また、それらを活用する能力や才能や健康や社会的地位です。それらも含まれてきます。その何もかも、「あなた一人のものじゃないんだよ。みんなのもの、みんなが使えるために、神があなたに預けているんだよ」ということです。「いや、夜も寝ないで、わたしが頑張って稼いだ、わたしの財産だ」、「この資格をとるために、わたしがどれほど徹夜をつづけて勉強したか」といいたいかもしれない。けれども、徹夜で勉強をつづけられた能力や健康は与えられたものでしょう。けっして自分一人でできるわけじゃない。努力して頑張るチャンスも与えられない人たちが少なくないのです。自分の頑張りで得たものであっても、それはみんなのためのものと考えたい。

どんなものも、すべてを神から預かっているものなのです。イエスの語った不思議なたとえ話があります。「不正な管理人」の話(ルカ一六章1-13節)。自分の不正が発覚して首になりそうだと察知したある管理人が、主人に借りのある人たちを一人ずつ呼んで、「あんたはいくら借りているか」と聞く。油百樽と答えると、八十と記して「二十のおまけだ」という。主人の財産を預かってそんなやり方をする管理人の話です。イエスは、この不正な管理人のやり方について、こういいます。「なかなかこれは賢明なやり方だ。要するにこれなんだよ」。それぞれ自分の持っているものは神から預かっているものだ。だからそれをみんなのために役立つように使うべきなのだ。それは自分のものではないから、ある意味では一見不正な使い方だけれども、それでいいのだ。神からの預かり物を自分の裁量でどうこうするのは一見不正だが、しかし神は貧しい人たちのためにそれをさせようとして預けているのだよ、というわけです。

さらに、「タラント」のたとえ話(マタイ二五章14-30節)はこう展開します。十タラントを預かった者と、五タラント預かった者、一タラントしか預からなかった者の三者がいたとする。そして、十タラント預かった者は十タラント儲けました、といって主人に申告する。五タラントの者は五タラント儲ける。ところが、一タラント預かった者は穴を掘って埋めてしまい、主人に「はい、これがあなたから預かったタラントです」といって返します。この人が、主人の逆鱗に触れるわけです。一タラントといえば、いまに換算すれば恐らく一億円以上の値打ちでしょう、あくまでイメージにすぎませんけれど。一億円の金ってなかなか使いきれるものではない。けれども、「ともかく、多い少ないはあるだろうが、それなりに活用してくださいよ。生きた使い方をしてくださいよ」という、それがこのたとえ話のメッセージです。自分だけのためにしまいこんでおいて、神さまと清算するというだんになって、「これが、あなたから預かったものです」といって返したら、神さまは少しもうれしくないのだ。すべての人が小さくなる、あるいは貧しくなるのがよいのではない。いま現実に貧しく小さくされている、その仲間のほんとうの願いを教えてもらいながら、その願いの実現のためにどんな協力がいちばんいいのか、それをさがし、そして行なうことがわたしたちの使命であり、目標だということなのです。

Ⅲ　いま、信頼してあゆみ始めるために

いま、最悪の国際情勢

いま、国際社会の情勢は最悪です。世界中いたるところで、宗教やイデオロギーがからまった民族と民族、国と国の紛争、戦闘が行なわれ、多くの犠牲者を毎日生み出しています。

かつてのブッシュ・アメリカによる、武力と破壊の民主化強制は、結果として中東にさらなる混乱をもたらしています。

自爆テロの「アルカイダ」、数百人の女子生徒を拉致誘拐する「ボコ・ハラム」、公開処刑と称して拘束した人々を次々に殺す映像をインターネットに流す「イスラム国」などという常軌を逸した殺戮集団が出現し、イラク、シリアのみならず、世界中が恐怖と混乱にまきこまれています。

イスラエルによるパレスチナ弾圧はとどまることを知らず、エスカレートしてガザを封じ込め、猫がネズミをいたぶるような検問で締めつけ、パレスチナの人々の生活といのちを踏みにじっています。これに耐えられず抗議として行う投石、花火のような頼りないロケット砲に対して、報復の名のもとに空爆と戦車による破壊と殺人をつづけています。

武力、軍事力にたよる国々は、同じ混乱と無秩序を、国内外にまきちらしています。中国の東シナ海、南シナ海領域への高圧的な進出も目にあまります。ロシアはウクライナにたいする影響力を強めようと、ウクライナの親ロシア派の側にテコ入れをして、分裂をあおっているように見えます。

危機的な国内情勢と社会問題

日本の社会も同じく危機的な状況にあります。

わたしたちの周辺でも、民族主義にこりかたまった人権侵害集団が公然とデモンストレーションをくりかえし、在日韓国・中国・朝鮮の人たちをヘイトスピーチ／ヘイトクライムでたたき、攻撃してはばかりません。人の尊厳に対する蹂躙は殺人行為となんらかわらないはずなのにです。

沖縄の辺野古米軍基地新設を安倍政権は強引に推し進めようとしています。この原稿を書いている今日(二〇一四年一一月一六日)が、沖縄県知事選挙の投開票の日で、辺野古新基地に反対する新知事が誕生したばかりですが、せめてこの人が、現政権にきちんと向き合う勇気と力をもてることを願うばかりです。

忘れてならないのは、二〇一一年三月一一日の東日本大震災と大津波とかさねて起きた福島原発事故。三年たった今なお、放射能汚染は地表、大気、地下水、海へと垂れ流し状態がつづいています。放射能汚染(内部被曝)が原因と推定される甲状腺ガンを発症するこどもたちも増えています。

復旧・復興は遅々として進まず、作業に従事する低賃金労働者の被曝対策もずさんで、全国各地から集められる日雇い労働者は文字通り人間が「使い捨て」にされています。被曝を逃れて「難民」状態にある人々は帰郷のめどすら立っていません。

いまの日本の政治には哲学が欠落しています。人としての尊厳をかえりみず、自然界の食物連鎖に見る「弱肉強食」を唯一の政治原理とし、「寄らば大樹の陰」、「長いものには巻かれろ」を地でいっています。

その結果、日本中に野宿生活をしいられる人たちが日々生産され、凍死・餓死・自殺をふくむ路上死が相次いでいます。

わたしたちは、こうした情勢の中で、さまざまな社会問題に直面しつつ生きています。部落差別、在日朝鮮の人たちへの差別、国内少数民族への差別、貧しい国からの外国人労働者差別、障害者差別、性同一性障害の人たちへの差別、女性差別、高齢者・若年者軽視、日雇い労働者・野宿者差別……。

こうした社会問題は、失職、借金地獄、アルコール・薬物依存、家庭内暴力(DV)、家庭崩壊、幼児虐待、いじめ、野宿者襲撃、自死や野たれ死になど、より弱い立場の人々へのしわよせという形で顕在化しています。

あわせて、大気汚染、土壌・水質汚染、オゾン層破壊、地球温暖化にともなう異常気象などの公害問題も、同じ環境に生活するすべての人に等しく襲うものでありながら、より貧しい人たちに被害と苦しみが集中しているのです。

「良識的」といわれる人たちの、社会問題に対する誤ったスタンス

自分を取り囲み、自分も巻き込まれているこれらの社会問題に対して、わたしたちはどのような立場をとろうとしているでしょうか。

「和解、ゆるし、平和こそ、わたしたちが追求すべきことであり、すべての人を愛し、敵をも愛することがわたしたちの理想だ。わたしたちはどちら側にも偏ってはならない」。

「わたしたちは公平でなければならない。両方の言い分をまず聞くことが先だ。どち

ら側にも、よい点とわるい点はあるものだ。双方の人たちを互いに話し合うようにしむけ、互いの誤解と思い違いを取りのぞきさえすれば、対立はなくなる」。

「わたしたちは、どのような対立においても、どちらの側にもつくことをさけ、平和をもたらす者として、対立する二つの間に和解をもたらすように努めるべきだ」。

善意ある多くの人たちはこのように考え、あくまでも冷静に中立をまもり、公平に判断をしようとするわけですが、はたして、それでいいのでしょうか。

わたしたちはこれを良識ある判断と考えるわけですが、ほんとうに、そうでしょうか。

「良識的判断」の三つの誤り

社会問題の現場に関わって、問題そのものの内側からものごとが見えてくるようになると、そのような「良識ある判断」には、大きな誤りがあることに気づくはずです。それは三つの誤りです。

第一の誤りは、「和解」(互いの歩み寄り)を平和と一致のための絶対的な原理と思い込み、どのような対立にも当てはめようとすることです。

もし、お互いが、誤解が原因でそれぞれに対抗意識をもってしまい、もはや相手を理解しようとするゆとりをなくして、けんか状態になっているという場合なら、和解こそ解決の道です。両者の間に平和と一致を回復させるために、中立・公平な立場から両者の言い分を聞き、和解をすすめることは大事なことです。双方が冷静になるように働きかけ、誤解を解きほぐし、互いの歩み寄りをうながすことで、和解をとりつけるのです。

しかし、対立には、一方が正しく他方がまちがっているという場合もあるのです。それは強い立場のものが弱い立場のものを抑圧することから生じる対立です。すなわち、一方が正義に反して抑圧する側にあり、他方が不当に苦しめられているという場合です。このような場合、両者が互いに歩み寄ることによって合意点を見つけようとするわたしたちの態度は、明らかにまちがいです。

六畳一間のアパートで共同生活をしていた一方が、かってに自分の仲間を呼び寄せて、「今日からこの人もいっしょに住む」と宣言したら、当然、そこには不穏な緊張関係と対立が生じます。近所の人たちが見るに見かねて仲裁に入ります。「三人になったのだから、一人二畳ずつでがまんしなさい」というわけです。しかし、こういうやり方は、緊張と対立の真の問題点を解決しません。

イスラエル対パレスチナにおけるオスロ合意はその典型です。真の和解、真の平和は、そのようなことでは実現するはずがないのです。正義に反する状況は継続しているわけで、侵略されている側、抑圧されている側にとって、納得がいくはずはありません。抵抗の自爆テロはやむことがありませんし、これへの反撃としてのミサイル攻撃、分断の壁の構築がつづいています。

わたしたちは善と悪、正義と正義に反することを和解させようとすべきではないのです。わたしたちに求められているのは、悪と、正義に反することをしりぞけることです。

「すべての対立は誤解に基づいていて、かならず双方に問題点があるものだ」という わたしたちの誤った思い込みを捨てなければなりません。こういう思い込みは、不正と抑圧の下で苦しんだことのない人、人のいのちと尊厳をふみにじる出来事に目を向けようとしない人だけがなしうる発想です。

第二の誤りは、どのような対立／抗争でも、わたしたちは中立の立場を取ることができると思い込むことです。

中立が不可能な対立関係というものが、現実にあるのです。差別や抑圧が原因で起きている対立です。それはしばしば、圧倒的な多数者による無自覚、無反省ないじめという姿をとります。また、少数ではあっても圧倒的な力と影響力をもつ人たちによる決めつけという場合もあります。これには歯止めはありません。

このような対立の場合、中立という立場は存在しません。差別され、抑圧されている人たちの側に立たないかぎり、差別・抑圧する側に立つことになるのです。

なぜなら、中立であろうとして両者から距離をおくということは、進行している差別や抑圧を放置する立場を選択したことになり、進行していることを止めようとしないかぎり、それは黙認したということであり、差別し抑圧する側に立ったということだからです。

このような対立／抗争を目の当たりにしていながら、なお、わたしたちが中立の立場で平和を願おうとすることは、果てしない苦しみにある人たちに絶望を味わわせるだけだと知らねばなりません。

第三の誤りは、対立による緊張を、不正や悪、差別や抑圧よりも悪いことと思うことです。

「耐えがたい緊張を収めることができるのだから、多少の不正ぐらいはがまんしなさい」とわたしたちはいってしまいます。これは抑圧され差別をうけて苦しんでいる人たちの痛みを共感しようとしない人々から出てくる考えです。

人間関係に緊張をもたらす対決とか抵抗というものに対しては、たとえそれが非暴力のものであっても、眉をひそめ、「しないほうがいい」という人たちは、たいてい、現状にある程度まんぞくできる生活環境を持てている人たちです。

「いまさら何をいっても何をやっても、何も変わりはしない。事をこじらせるだけだ」という人たちは、主の祈りの、「あなたの国が来ますように、あなたの思いが行なわれますように、天におけるように地の上にも」(マタイ六章10節)を信じない人たちです。

こういう人たちは、じっさいに行なわれている正義に反する差別や抑圧には目を向けようとせず、そこから生じている対立と緊張だけを気にしているのであり、現実から逃げているとしかいえません。こういう人たちは自分を正当化するために、よく「和解」とか「バランス・調和」ということばを使いますが、要するに、波風の立たない、自分にとっての「平穏無事」を願っているだけなのです。

このような誤りは、緊張と対立の現場で、現実に何が起こっているかを知ろうとしないことからくるものであり、苦しめられている人たちへの、「人として大切にする」(愛する)心と「痛みの共感」を欠くことからくるものです。

人類を救うために神が選んだ民、「他のどの民よりも貧弱であった」から選ばれたという神の民(申命七章7節)の歴史は、まさに緊張にみちた対立と対決の歴史、抗争の歴史でした。列強の国や民族による侵略、抑圧と搾取、異なる文化や宗教の押しつけに対する、対決と抵抗の歴史でした。

しかも、この民の最大の「罪」は、貧弱な自分たちを侵略してくる強大な相手に妥協し、和解してしまおうと試みることであった、と聖書は告げています。

対立と緊張に耐えられずに、民が妥協と和解に逃げ込もうとするそのつど、預言者たちはきびしく警告します。

身分の低い者から高い者に至るまで
皆、利をむさぼり
預言者から祭司に至るまで皆、欺く。
彼らは、わが民の破滅を手軽に治療して
平和がないのに、「平和、平和」と言う。
（エレミヤ六章13-14節）

平和がないのに、彼らが「平和だ」と言ってわたしの民を惑わすのは、
壁を築くときに漆喰を上塗りするようなものだ。
漆喰を上塗りする者に言いなさい。
「それは、はがれ落ちる」と。
（エゼキエル一三章10-11節）

わたしたちは聖書のこのようなことばを、きちんと受けとめているのでしょうか。

一　真の平和、ほんとうの和解を求めて

波風を立てることをきらう「平和主義者」たちの勘違い

「しかし、イエスはちがう」と、わたしたちはいいたいかもしれません。「イエスは和解と平和を最優先される方だった」と。そして、聖書の中からイエスの次のことばを引き合いに出すでしょう。

どんな王でも、ほかの王と戦いに行こうとするときは、二万の兵を率いて進軍して来る敵を、自分の一万の兵で迎え撃つことができるかどうか、まず腰をすえて考えてみないだろうか。もしできないと分かれば、敵がまだ遠方にいる間に使節を送って、和を求めるだろう。

（ルカ一四章31-32節、新共同訳）

平和を実現する人々は、幸いである。

（マタイ五章9節、新共同訳）

わたしは、平和をあなたがたに残し、
わたしの平和を与える。
（ヨハネ一四章27節、新共同訳）

しかし、聖書のことばは、前後の文脈をふまえて解釈すべきものです。イエスが、「平和」（*εἰρήνη*＝ShaLoM）をどのようにイメージしていたかを、文脈から正しく理解した上で解釈しなければなりません。

「和平交渉をする王の話」は、並べて語られた「ぶどう園の見張り塔を建てる話」（ルカ一四章28‐30節）とセットになっていて、しかも前後の文脈から、「イエスの弟子として歩みつづけるには、よほどの覚悟がいる」というたとえ話でした。イエスについてきていた貧しい民衆が、日頃こき使われ、いばりちらされている農園主や王たちの、評判や勝ち負けを気にした醜態を揶揄しながらの、わかりやすいたとえであったと思います。要するに、勝ち負けとか世間体を気にしないで、低みから立つキリストの側にしっかりと立つ腹をくくりなさいという話です。

もしこれが、「緊張と対立をさけるために妥協しなさい」という意味であったとしたら、自分が殺されることをもいとわずファリサイ派の人々や律法学者たちと対決しつづけたイエスの行動は、自分がいったことと矛盾することになってしまいます。

「平和を実現する人々は、幸いである」は、「山上の説教」(マタイ五―七章)の冒頭の部分に出てくるイエスのことばです。これは病気や生活苦をかかえる貧しい民衆(マタイ四章24節―五章1節)に向かって語られた励ましのことばであったことを忘れてはなりません。したがってその意味は、「痛みを知る貧しいあなたたちだからこそ、自分たちの感性で行動を起こすとき、それは平和のためにはたらいているのだ。まちがいなく神がいっしょにはたらいてくださるよ」というものです。

「貧しく小さくされたあなたたちが待ち望む世界こそ、ほんとうに平和な世界であり、神が望む平和なのだ。だから、それを実現するために行動を起こしなさい」という意味でした。

前後の文脈からいえることは、社会の中で貧しく小さくされている人たちこそ「地の塩」「世の光」であり(マタイ五章13-14節)、その人たちこそ「平和を実現する人たち」であるということです。

イエスのこのメッセージは、世間一般の考えとは異なります。社会的に力を持つ人たち、政治家や学者、インテリの社会活動家たちが平和を実現させるものと考えるのがふつうだからです。

ですから、わたしたちは、自分が貧しくも小さくもされてはいない者であることをわきまえ、「地の塩」「世の光」である、貧しく小さくされている彼らと連帯して行動を起こすように努めるべきです。それができたときはじめて、「わたしたちも、平和のためにはたらいている」といえるのです。

「わたしは平和をあなたがたに残し、わたしの平和を与える」には、つづきがあります。つづきの部分もふくめて、文脈をふまえて訳せばこうなります。

わたしは、平和をあなたたちにさし向ける。
わたしの平和を、あなたたちに与える。
わたしはこれを、世が与えるように与えるのではない。
（ヨハネ一四章27節）

イエスが「平和」をさし向けるといったあと、念を押すように「わたしの平和」を与えるといい、さらにつづけてイエスは「世が与えるように与えるのではない」といいます。わたしたちは、かってに自分なりの平和のイメージで理解しようとするわけですが、そうしないようにイエスは釘をさしているのです。

イエスが実現しようとする平和は、世間一般が考えるような、互いが少しずつがまんし合って歩み寄り、妥協によって折り合いをつける平和とは違うものです。したがって、平和を実現させるためのやり方もまた、世間の常識をくつがえすものでした。

対立、敵対をおそれずに、立場を鮮明にする

イエスは、神が望まれる平和と世間が望む平和を、まったく違うものとして区別します。

神が望まれる平和は、貧しく小さくされている人たちに「抑圧からの解放をもたらす正義」(ディカイオシュネー *δικαιοσυνη*)を土台とした、すべての人が「人として大切にされる」(アガペー *ἀγαπη*)、「喜び」(カラー *χαρα*)のある平和です。

世間が望む平和は、真理をあいまいにするバランスの平和、社会的弱者に忍従をしいる和解の平和、対立と緊張を覆いかくした平穏無事の平和です。

イエスは、世間が「平和」と呼んでいる偽りの平和をこわし、分裂と敵対の現実をあらわにさせ、ほんものの平和を実現させることを求めました。だからこそ、世の貧しく小さくされている仲間たちの立ち上がりを呼びかけたのでした。

イエスの平和実現のやり方は、こうです。

わたしが来たのは、この地上に平和を投げ与えるためだと思うな。

平和を投げ与えるためではなく、包丁を入れるために来たのだ。
わたしが来たのは、「人をその父親から、娘をその母親から、
嫁をそのしゅうとめから」切り分けるためであり、
「こうして、自分の家族の者が敵対するようになる」。　（マタイ一〇章34-36節）

真の平和を実現させるためには、見せかけだけの偽りの平和の実態を、まず明らかにすることが必要だと、イエスはいうのです。世の貧しく小さくされている人たちの忍従と沈黙によって維持されている「平穏無事」は、イエスにとって、平和実現のさまたげ以外の何ものでもなかったということです。

じっさいイエスは、立場を鮮明にすることによって、「包丁を入れる」こと（バッレイン　マカイラン βαλλειν μαχαιραν）を実行しました。

宗教上の指導者であり社会的エリートであったファリサイ派の人々と、彼らが「罪人」と見下げる宗教上の掟を守れない貧しい人々との対立において、イエスははっきりと貧しい「罪人」の側に立ちました。

金持ちと、彼らがあわれみと施しの相手としか見なかった貧しい人との対立においては、イエスは貧しい人の側に立ちました（ルカ一六章19-31節「金持ちとその門前のラザロ」。

マルコ一〇章25節「金持ちが神の国に入るよりは、らくだが針の穴をとおるほうが、まだやさしい」)。

イエスはけっして、双方を少しずつ歩み寄らせるような和解策を講じることはしませんでした。イエスは見せかけだけの平和、弱い立場の者に犠牲をしいるだけの和解、うわべだけの一致には、がまんならない人でした。イエスは少しのあいまいさもなく、貧しい側、しいたげられる側に立ちました。

そのため、ほふった肉牛に包丁をいれて、皮と肉、肉と脂身、筋と骨が切り分けられていくように、イエスの行く先々で、覆われていた分裂や敵対があらわにされ、そこに対立と緊張が生じたのでした。

だからこそイエスは、対立と緊張を好まない宗教の権威者や世の権力者たちと、そちら側につく人たちから危険視され、恐れられ、ついには処刑されることになったのでした。

人を人として大切にする正義(抑圧からの解放)を犠牲にして平和を守るというのは、本末転倒です。それはただの弱者切捨ての思想だからです。

むしろ、いかなる犠牲を払ってでも実現しなければならないのは、例外なしにすべての人が、人としての尊厳をもって日々生活できるような、正義に根ざした解放と喜びの平和です。たとえ、その実現の過程で緊張や対立が起きたとしても、あわてる必要はありません。それはかならず乗り越えることができるものだからです。

「対立」の三つのパターンを見きわめる

ひと口に「対立」といっても、いろいろさまざまです。わたしたちは直面するその一つひとつを分析して、状況にあった対応をしなければなりません。

パターン1　対立には、双方とも基本的には正しく、人が人として大切にし合える社会正義の実現のためにはたらいていながら、方法や手段のちがいから互いに対立しているという場合があります。

このような場合は、まちがいなく和解が大切です。わたしたちはできるだけ互いが歩み寄って合意点を見出せるための手助けをし、少なくとも社会の不正に対して、それぞれが「個別に闘って共に撃つ」という連携を取り結ぶ努力をすることはできるでしょう。そのうえで、わたしたちもその双方と連帯し、協力するのです。

パターン2　また、対立には、双方とも正義に反しており、弱者を不当に抑圧する者たち同士の対立というのもあります。やくざ同士の抗争とか、利権政治家同士の票の食い合い、大企業同士もしくは経済大国間の経済侵略合戦などです。

このような場合、わたしたちはどちらの側にもつくべきではなく、その双方と対決すべきです。彼らを和解させることには意味がありません。どちらも、自分が先に利益、利権を得ようと対立抗争を起こしているのだからです。

パターン3　しかし、明らかに一方が正しく他方がまちがっているという対立もあります。すなわち、一方が不当に抑圧され、権利を踏みにじられており、他方が金や力によって相手を抑圧し搾取しているという対立です。そういう場合、わたしたちの対応ははっきりしています。抑圧されている側に立ち、抑圧する側の無法な仕打ちをやめさせるべきです。社会問題との取り組みは、ほとんどすべてこの種の対立です。

対立を生じさせている理由、問題となっている利益の性格、それぞれがめざす社会のしくみを知ることによって、わたしたちはどちらが正しくどちらがまちがっているかがわかります。

ですから、「とにかく、対立をやめさせよう。双方によいように話を持っていき、彼らが和解できるようにするのがいちばんだ」とは、そう簡単にいうことはできないということです。

対立を社会構造的な視野でとらえる

大事なことは、直面するさまざまな対立／抗争において、選ぶべき立場を誤らないことです。そのためには、対立を社会構造的な次元で見つめることが大事です。対立している個々の一人ひとりについて正しいかまちがっているかを判断するだけではなく、その人たちが組み込まれている「仕組み」そのものを判断する必要があるのです。

人類社会はいつのまにか、構造として、裕福な側と貧しい側、力を持つ側と持たない側、すなわち抑圧する側と抑圧される側に分かれてしまっていて、両者の間には対立関係が生じています。構造的な対立です。

いくら個人的・私的な生活態度がつつましく、敬虔で、善意に満ちた人であっても、その人が社会の裕福な側、力を持つ側にいるということは、貧しい人たち、力を持たない人たちを抑圧する側にいるということです。ですから、抑圧する側にいる人は、意識的に立場を超えて抑圧される側と連帯しないかぎり、そのつもりはなくても、貧しく小さくされている人たちを抑圧しつづけているのであり、したがって、その人は真の平和への道をあゆむことはできないのです(マルコ一〇章17‐27節「金持ちは神の国に入れない」)。
ルカ福音書には、すべての人の解放と救いを実現する神のはたらきをたたえる歌、「マリアの賛歌」が記録されていますが、そこには、権力の座にある者と金持ちが救いを得るためには、抑圧的な今の立場をはなれることが必要であると、次のように書かれています。

わたしは心から主をあがめます。
わたしを救ってくださる神に対して
心の底から喜びでいっぱいです。
神は、身分いやしいこの主のはしために、
目をとめてくださったのです。

……………

神はその腕の力を現わし、
思い上がる人たちを打ち散らしました。
すなわち、権力者をその座から引き下ろして
身分いやしい人たちを引き上げ、
飢えた人たちを良いもので満たして

金持ちたちを手ぶらで追い返したのです。
神は、人の痛みを知るその心をあらたにし、
「仕える者」(奴隷の民)イスラエルを、受け入れました。
(ルカ一章47-54節)

これは、神が権力者と金持ちの滅びを求めているということではありません。むしろ彼らも救いと解放を得られるように、その取るべき道を示していると解釈されます。神は、「身分いやしい」ひとりの女性マリアを選んで神の子をみごもらせて、「身分いやしいとされている人たち」「飢えた人たち」「仕える者たち」の側にご自分が立っていることを明らかにし、権力の座にいすわること、裕福さをひとり占めすることがその人たちの救いをさまたげていることを思い知らせてくださった、という意味です。

紀元前三世紀に登場したアレキサンダー大王が始めた「人頭税」(ケーンソス census=収入の多い少ないに関わりなく一人頭いくらという税制)のせいで、人々の間の貧富の差を大きくし、イエスが登場する紀元〇年前後のパレスチナ地方でも、土地を手放していくしかなかった大多数の貧困民衆と、それらを買い集めていった少数の金持ちとの、二分構造が見られたということは周知の事実です。マリアがその貧困民衆の一人であったことは、まちがいないでしょう。

聖書がわたしたちにさとしているのは、神が望む平和な社会をわたしたちも望むので

あれば、社会構造の中の抑圧する側に立つことをやめなければならないということです。そのために、抑圧され、貧しく小さくされている人々の側に立つことを選び取れということです。それは貧しい人と裕福な人、双方のしあわせのためなのです。

構造的な対立という状況の中で、すべての人を人として大切にする唯一の方法は、貧しく小さくされている側、抑圧されている人々の側に立つことです。

いうまでもないことですが、これは、みんなが貧しくなれということではありません。貧しい人たちが貧しさから解放されるために起こす行動に連帯せよ、ということです。彼らの側に立って支援し、協力せよ、ということです。

敵対する人たちをも「大切にする」

良識的なクリスチャンたちは、ここでハタと困惑するかもしれません。

「抑圧されている人々の側を選び取り、そちら側に立つということは、きのうまで仲間として仲良く付き合ってきた近所の人たちとか、職場の同僚とか、親戚などと敵対する、ということになるのだろうか……」

「自分の方からわざわざ敵をつくるというのは、どうも……隣人愛の教えはどうなるのか」

もし、これまでの自分の生き方が抑圧する側に立つものであったと納得できていたら、このような心配は出てこないはずです。なによりもまず、自分が自分自身と敵対することから始まるのですから、敵対するということがどういうことか、わかるからです。自分を大切にしたいと思うから、これまでの自分の生き方と敵対するのではありませんか。イエスは、貧しく小さくされた民衆に向かって、こういいました。

> あなたたちも聞いているとおり、「あなたの隣人を大切にしなさい」、あなたの敵は憎め、と命じられている。しかし、わたしは言う。あなたたちに敵対する人たちを（τους ἐχθρους ὑμων＝あなたたちの敵を）大切にしなさい。
>
> （マタイ五章43‐44節／ルカ六章27‐28節）

貧しく小さくされている人たちには「敵」と見なすべき者たちがいることを、イエスははっきりと見ていました。それは現実の本当の敵でした。抑圧し、迫害する相手は、まちがいなく敵でした。ですからイエスはその人たちを「敵と思うな」とはいいません。彼らは、けっして妥協したり同調したりすべき相手ではないのです。

そのうえで、イエスは、その対決し、敵対すべき人たちを、憎むのではなく「人として大切にしなさい」というのです。すなわち、「敵対することによって、彼らが人を抑圧する立場から解放されるようにはたらきかけなさい」ということです。

富と権力の恩恵を、正義に反して自分たちだけで享受できる仕組みを、そのまま維持継続しようとする人たち、自分たちの「座」を守ろうとする人たちは、その同じ仕組みによって貧しく小さくされている人たちにとって「敵」であることはまちがいありません。そして、じつは同時に、彼らが守ろうとしている「仕組み」「座」そのものが、彼ら自身の人間性を抑圧していることを、イエスは指摘したのです。

「隣人を自分自身のように大切にする」生き方こそが、自分の人としての尊厳をたもつ生き方であり、聖書の教え全体の要約でもあると、聖書は告げています(マタイ二二章39節、マルコ一二章33節、ルカ一〇章27節、ローマ一三章9節、ガラテヤ五章14節、ヤコブ二章8節)。ですから、平気で弱い立場の者を抑圧し、搾取し、自分たちだけが富と権力の恩恵を享受できる「仕組み」(社会構造と制度)を守ろうとする人は、隣人を苦しめるだけではなく、自分自身の人としての尊厳をおとしめてもいるということで、自分をも含めたすべての人の敵となっているということでしょう。

ですから、心配はいりません。わたしたちは敵対することをおそれなくていいのです。対立も分裂も敵対も、福音のあゆみの過程として、必要であり、大事なことなのです。

富と権力の座から降りる手伝い

富と権力の恩恵を優先的に受けている人たちが、自分から進んでその座を降りることは、あまり期待できません。社会の仕組みとして、社会構造としてその座が位置づけられているため、自分たちの目には当たり前なこと、自然なことにしか映らないからです。抑圧され、貧しく小さくされている人たちの側から見ることができるようになってはじめて、それが正義と公平に反することであったと気づくのです。

ですから、貧しく小さくされた人たちは彼らときちんと対決することによって、その座が不正なものであることを指摘し、彼らにわからせるようにはたらきかけることが親切なのです。場合によっては、彼らをその座から引きおろしてやることも必要かもしれません。もちろん、だれか他の人をその座につかせるためでも、上下逆転させて、これまで抑圧されてきた自分たちが座を奪うためでもありません。富と力をひとりじめにできてしまう「座」そのものをなくしてしまうためです(イザヤ五八章6節参照)。

善意の多くのキリスト者にとっての誘惑は、事を荒立てずにすむ方法を選びたくなることです。「いちばんいいのは、不正の座についている人をひとりずつ改心させて、結果として抑圧の仕組みを無力にしていくことではないだろうか」と思ってしまうのです。

しかし、現実には、このような方法は効果がありません。人は立場に影響され、規定されるという弱さをもつ生き物です。居つづけてきた座にとどまっていながら、生き方を変えるというのは不可能に近いことです。

富と権力の座、抑圧の仕組みそのものをなくすはたらき

もし、だれかが思い切りよく、自分から座を降りることがあったとしても、座が残っている限り、かならずだれかがそれを継ぎ、結果として抑圧はつづくものです。ほんとうに「敵対する人たちをも大切にしなさい」を実行しようと思うのなら、わたしたちは「敵」を造りだす「仕組み」「座」そのものをなくす具体的な行動を取るはずです。

わたしたちがなすべきは、抑圧され、貧しく小さくされている人たちの側に立って、抑圧を生み出すその座とそれを支える仕組みを壊す闘いに参加することです。聖書にはこう書いてあります。

わたしの選ぶ断食とはこれではないか。
悪(ReSha = 抑圧／不正)による束縛を絶ち、

軛《くびき》(MoTah)の結び目をほどいて
虐げられた人を解放し、軛をことごとく折ること。
（イザヤ五八章6節）

「軛」とは、牛やロバの背首にはめて自由な動きを制御するための横木のことで、抑圧的な社会の仕組みを指しています。神がわたしたちに求めることは、「断食」(禁欲をともなう礼拝儀式)などではなく、まずは、人をその軛から解放することであり、つづいて、軛そのものを壊してしまうことだというのです。

もし、自分の国が制度として弱者の切り捨てをしていたり、武力介入による他国への侵略や経済搾取をしているなら、わたしたちは距離をおいたところからそれを批判するだけではなく、それをやめさせる闘いに、具体的に参加することが大事であり、それこそが神の望まれる平和を実現させる効果的かつ唯一の方法でもあるのです。

決断は下さねばなりません。わたしたちはきっちりと立場を選び取らなければならないのです。

二　社会活動の霊　性《スピリチュアリティ》

貧しく小さくされている人たちの願いの実現に連帯する

抑圧され、貧しく小さくされている人々の側に立つことを選び取るには、具体的にどうすればいいのでしょうか。

「貧しく小さくされている人々の側に立つとは、自分も貧しく小さくなること……」と勘ちがいして、本気で財産を処分しなければと考える人が、ごくまれですが、います。また、とても自分にはできないとあきらめつつも、負い目を感じつづける人が、少なくありません。しかし、それは違います。

貧しくも小さくもされてはいない人が、いくら自分から進んで貧しい者、小さき者になろうとしても、なれるものではありません。また、なれたらなった方がいいというものでもありません。貧しい人が一人増えるだけです。

抑圧され、貧しく小さくされている人々の側に立つとは、同じように貧しくなるということではなく、貧しくされている彼ら自身の、願いと、判断と行動の選択に信頼して、その実現のために連帯して協力することです。それぞれが自分の社会的な場を活かして、職場や家庭、持っている技術や能力や人脈を使って、彼らの思いに連帯しつつ協力を惜しまないことです。

自分が持っているものを捨てるのではなく、持っているものを有効に活用して、彼らの願いの実現に協力することです(マタイ一九章21節、使徒言行録四章32節、二章45節参照)。

真の連帯への四つのステップ

抑圧され、貧しく小さくされている人々と連帯するといっても、構造的に富と権力の恩恵を享受する側、抑圧する側で生活しているわたしたちにとって、なかなか踏ん切りがつかないものです。貧しく小さくされている人たちに対する誤解や偏見から、ほんとうに連帯に値いする相手だろうかという思いは、だれにでもあるものだからです。

心から連帯できるようになるためには、いくつかのステップ(段階)があるようです。これはキリスト者としての信仰が深められていくときのステップと同じものです。

(1)　痛みの共感から救援活動へ

(2)　救援活動の行きづまりから構造悪の認識へ――怒りの体験

第一のステップ——痛みの共感から救援活動へ

「はらわたをつき動かされて」

わたしたちは苦しむ人の痛みを知るとき、一人の人間として心を動かされます。抑圧され、貧しく小さくされている人々の、耐えがたい苦しみを知り、人々がひたすら耐えている姿を目の当たりにするとき、胸が痛み、いたたまれない気持ちになります。これが痛みの共感です。どのような分野であれ、社会問題との取り組みはすべて、ここが出発点です。

わたしたちは、聖書の教えが「隣人(すなわち社会的弱者)を自分自身のように大切にしなさい」(レビ一九章18節)のひとことに要約されることを知っています(ルカ一〇章25-37節、ローマ一三章9節、ガラテヤ五章14節、ヤコブ二章8節)。この教えさえ実行できたなら、救いはまちがいないことも知っています(マタイ二五章31-46節)。しかし、人は知識やたてまえだけでは、なかなか行動に移れるものではありません。わたしたちを行動に踏み切らせてくれるのは、「はらわたをつき動かされる」痛みの共感です。イエスはこのことを身をもって明らかにしています。

イエスの福音活動は、「痛みの共感」から始まりました。イエスを組織的な福音活動に踏みださせたのは、「はらわたをつき動かされた」(エスプランクニステー ἐσπλαγχνίσθη＝痛みを共感した)ことからでした。

イエスは民衆を見て、はらわたをつき動かされた。かれらは、羊飼いのいない羊のように、むしり取られ、打ちひしがれていた。……
そこでイエスは十二人の弟子をそばに呼び、けがれた霊に対する権威を与えた。
……派遣される者十二人の名は次のとおりである。……
(マタイ九章36節―一〇章4節)

……旅をしていた一人のサマリア人は、同じようにそこにさしかかると、その人を見て、はらわたをつき動かされ、近よって、傷口にぶどう酒とオリーブ油をそそいで包帯をし、自分のろばにのせて宿屋につれていって、介抱した。
(ルカ一〇章33-34節)

イエスは「はらわたをつき動かされて」、「らい」を患っていた人を抱きしめ、その病人がいやされました(マルコ一章41節)。

目が不自由な人たちの真剣さにイエスは「はらわたをつき動かされて」、人々ががけがれと見なすその目に触れ、彼らはいやされました(マタイ二〇章34節)。

ひとり息子を亡くしたやもめの悲しみに「はらわたをつき動かされて」、イエスは律法が不浄と規定する死体を納めた棺を手で押しとどめ、奇跡が起こりました(ルカ七章13節)。

また、腹をすかせた民衆の、貧しさの中での奇跡的な食事のわかち合いをうながしたのも、イエスが「はらわたをつき動かされた」ことからでした(「五千人の食事」マルコ六章34節、マタイ一四章14節、「四千人の食事」マルコ八章2節、マタイ一五章32節)。

そのほか、イエスのたとえ話で語られる神のはたらきも、痛みの共感によって引き起こされることを示しています。

何億円もの負債を返済できず途方に暮れるしもべを、その主人は「はらわたをつき動かされて」ゆるしました(マタイ一八章27節)。

打ちひしがれて帰ってきた放蕩息子に「はらわたをつき動かされて」、父親は彼を抱きしめ、迎え入れました(ルカ一五章20節)。

「はらわたをつき動かされる」(σπλαγχνίζομαι スプランクニツォマイ)痛みの共感は、「あわれみ」とはちがいます。「あわれみ」は、こちら側の優位性、安全性が前提になっていることが多く、しばしば軽蔑の思いがひそんでいるものです。路上生活をよぎなくされている人を見て「あわれ」に思う人は少なくありませんが、なかなか行動にむすびつきません。何かしたとしても、「ほどこし」のようなことになってしまいます。「あわれみ」は目にしている苦しみに同情するに留まり、「痛みの共感」は苦しみの原因を取りのぞく行動に向かわせる、といえそうです。

スプランクニツォマイと同じような意味のエレエオー(ἐλεέω)という語も聖書によく出てきますが、「あわれみ」の意味に誤訳されることが多いのは残念です。

エリコの町にいた目の不自由な人がイエスに向かって叫んだことば、「キリエ　エレイソン」(Κυριε ἐλεησον)はミサの中でも歌われ、「主よ、あわれみたまえ」と訳されていますが、これは「この苦しみ(痛み)をわかってください」という意味で、けっして「あわれみ」や同情を求めていたわけではありません。「苦しみをわかって何とかしてくれ」という、苦しみの原因を取りのぞくことを願う叫びでした。じっさい彼らは「わたしたちの目があきますように」(マタイ二〇章33節)と、イエスに具体的なはたらきかけを求めたのです。

ちなみに、エレエオーの派生語エレエーモシュネー(ἐλεημοσύνη)は聖書でふつう

「ほどこし」と訳されていますが、これもあわれみによるほどこしではなく、「苦しみを共感した上で、その原因を取りのぞくための支援をすること」です。すなわち「連帯した支援」のことであると理解すべきです（マタイ六章2‐4節など）。

痛みの共感を深めるために

痛みの共感を深めるために、助けになることが二つあります。

- 痛みの現場に立ってみること
- 痛みの共感を薄めるような思いを退けること

第一の心がけ――まずは**痛みの現場に立ってみること**です。すなわち貧しく小さくされた人たちが暮らしている生活の現場を訪ね、現実を自分の目で見、人々のうめきを自分の耳で聞き、貧しいとはどういうことかを肌で感じることです。現場を体験するといってもいいかもしれません。

聖書によれば、神が、「他のどの民よりも貧弱であった」民を、当時のエジプト帝国下での奴隷状態から救出する決意をしたのも、神ご自身がつねに痛みの現場におられ、痛みを共有しておられたことから出たものでした。

わたしは、エジプトにいるわたしの民の苦しみをつぶさに見、追い使う者のゆえに叫ぶ彼らの叫び声を聞き、その痛みを知った。それゆえ、わたしは降って行き、エジプト人の手から彼らを救い出し、（出エジプト三章7-8節）

「つぶさに見た」（ラオーライティ Ra'oH R'aYiThi）とはその場にいてしっかりと見たということであり、「聞いた」（シャマーティ ShaMaThi）とは自分の耳でじかに聞いたということであり、「知った」（ヤダーティ YaDaThi）とは自分の体で知った（体験の知）ということです。いずれも臨場感のあるヘブライ語表現が使われています。

凍りつく寒さの中、路上や公園の片すみで夜をすごす人たちの、いつまでも身じろぎがやむことのない寝姿を目の当たりにするとき……

まだ暗い四時まえから労働センターのまわりで待機していてなお仕事にアブレて、その日の身の置き所すらなく、一、二時間ごとに居場所を変えて人々の奇異の目をさけなければならない人たちのため息を聞くとき……

仕事もない、ドヤ代もない、生活保護も受けられない中で、アルミ缶や読み捨て雑誌の回収で日銭を得るしかなく、やむなく公園の片すみに雨風をしのぐだけの小屋掛けをしているのを、地域の住民の通報で立ち退き警告の紙をペタペタ貼られ、取り壊されて、また路上に放り出される姿を目にするとき……

また、アジアやアフリカの貧しい国々のスラム地域で、立ちどまると足下が沈んで真っ黒な汁が浮き上がってくるゴミの層に建て並べた住まいを訪れ、その強烈なにおいを嗅ぎ、そこで暮らす栄養失調の人たちの営みに接するとき……

小屋をブルドーザーで掻き崩され、行き場を失って呆然とたたずむだけの一家族と出会うとき……

わたしたちは「はらわたをつき動かされ」、たまらない気持ちになり、憤りすら感じるようになるはずです。

第二の心がけ――このとき大事なのは、**痛みの共感を薄めるような思いを退けること**です。「わたしは立場上なにもできない」、「わたしには向いていない」、「政府、行政が解決することだ」、「わたしの問題ではない」……という思いがよぎるかもしれません。そのような思いは退けなければなりません。

そのような思いを認めることは、苦しんでいる人たちと自分との間に一線を引くことにほかなりません。一線を引くことによって、たしかに気は楽になります。目の前の問題を考えないですませられるからです。しかし、こうしてわたしたちは、共感した痛みを薄めてしまい、行動を起こすバネも力も失って、もとの自分、理屈とたてまえだけで何もしない自分、構造としての抑圧する側に安住する自分にもどるのです。

しかし、すでに見たとおり、「痛みの共感」は、イエス・キリストと、イエスが身をもって啓示した神の、解放と救いのはたらきをうながした動機（動因）であり、したがって、それはわたしたちを一歩前に踏み出させる動機となるはずです。これを薄めたり、避けたりするようなことはキリスト者として残念なことです。

わたしたちが苦しみの中にある人たちの痛みを共感するとき、わたしたちは神が共感しておられる同じ痛みを、ともに共有しているのです。つまり、神が現代世界について感じておられることを、貧しく小さくされた人たちと共にわたしも感じているということなのです。

苦しむ人の痛みを共感し、それを深めることは、神のはたらきにつながることであり、したがって人間としての、またキリスト者としての根幹に関わることだと、しっかり受けとめたいものです。

キリスト者としての根幹、すなわちキリスト者としての生活姿勢は、入信の儀式として行なわれる「沈めの式」（バプティスマ *βαπτισμα*＝洗礼式）において象徴的に示されています。聖書では「メタノイアの沈めの式」（バプティスマ・メタノイアス *βαπτισμα μετανοιας*）と呼んでいるとおり（マルコ一章4節、ルカ三章3節、使徒言行録一三章24節、一九章4節、マタイ三章11節も参照）、これは「洗い清め」の儀式ではなく、「低みに身を沈める」儀式でした。メタノイアが「（人の痛みのわかるところに）視座を移す」という意味であることからもわかるように、「沈めの式」（洗礼式）を受けるということは、「苦しむ人の痛みを共感するところからすべてを見直し、それに基づいて判断し、行動します」という決意表明(信仰宣言)にほかなりません。

ですから、痛みの共感を薄めたり妨げたりするような思いは、しっかりと退けなければなりません。

行動の第一歩としての救援活動と生活の見直し

「はらわたをつき動かされる」痛みの共感は、わたしたちを行動へ駆り立てます。行動といっても、わたしたちが最初に手がけるのは、「分かち合い」を主とした救援活動が中心になるかもしれません。

飢えている人たちに食べ物を、寒さにふるえている人たちに衣類や毛布を、病気の人には薬や医療を……といった救援活動です。

家庭が貧しくて学校に行けない子どもたちのために教材や学資を援助する、親を失った子どもたちの里親になって生活費を提供するというようなことも、その延長線上にあるでしょう。

このような行動に踏みこんだとき、わたしたちは同時に、しかも自然に、自分自身の生活の見直しを始めているものです。便利だから使うといういろいろなものの中で、ほんとうに必要なものと「ぜいたくかな」というものの識別が容易になります。そうして、あまりムリなく生活を質素にするようになるものです。

第二のステップ――救援活動の行きづまりから構造悪の認識へ

「ほどこし」「わかち合い」の救援活動の限界

じっさいにボランティアとして救援活動に参加していくと、遅かれ早かれ、救援というものの限界が見えてきます。

野宿をせざるをえない人たちに、今日毛布をわたして今夜それで寒さをわずかにしのげても、その人が明日も同じ毛布を使えるという保証がないのです。毛布を保管しておく場所がないからです。寒い日がつづくかぎり、毎日毛布を提供しましょう、というわけにはいきません。大阪市内だけで何千人もの人たちが野宿生活(路上生活)をよぎなくされています。この人たちに、どう算段すれば必要なものを提供しつづけることができるでしょうか？　はたして、このような救援のあり方でいいのだろうかという疑問に突き当たるはずです。

炊き出しも同じです。釜ケ崎の三角公園で毎週二回の炊き出しをつづけていますが、二千人前後の人たちが利用しています。でも、一週間に必要な食事二十一食(三食×七日)のうちの二食だけを提供しているにすぎないわけです。あとの二十食はどうするのですか？　毎日三食の炊き出しをすればいいのですか？　一日六百キロ、一カ月で十八トンの米のほかに野菜や調味料などの食材もいります。だれが、どのように調達できますか？　とても維持できることではありません。

それに、炊き出しを利用する人たち自身が、炊き出しに並ぶことをこの上なくなさけないこと、つらいことと思っていることが見えてくると、炊き出しを増やしていけばいいということではないのだ、と気づくのです。

寝場所の提供もまた同じことです。せめて夜だけでも安心して眠れるところがあれば……ということで、シェルター(臨時宿泊所)が建ちました。一人でも多くの人が泊まれるようにと、フロアーいっぱいに二段ベッドをつめつめにして入れ込むことになるので、まったくプライバシーのない集団就寝をしいる結果になります。そのため、寝場所を必要としながら、そのような処遇に耐えられない人たちは、ひっそりと野宿するほうがましだといいます。当然でしょう。

しかも、救援を必要とする人たちは、あとからあとから生み出されているのです。救援が人権に配慮した救援になりきれない一方で、対象者はどんどん増えていきます。救援活動を、やってもやっても現実に追いつかず、わたしたちは「焼け石に水」の徒労感と行きづまりに直面するのです。

人々の善意のみに支えられた、「ほどこし」「分かち合い」中心の救援活動には、限界があることが見えてくるのです。

貧しく小さくされた人たち（貧困者）がいるのは「なぜか」を考える

いったいなぜ、これほどまでに貧しく小さくされた人たちが、こんなにもおおぜいいるのか、わたしたちは考えるようになるでしょう。これが大事です。

「怠け者だから」、「無知だから」とか、「要領が悪かったから」、「運がわるかったのだ」というのが、偏見と誤解にすぎないということは、救援活動に取り組んでいるうちにわかってきます。

もちろん、貧しく小さくされた人たちの中にも怠け者はいます。無知な人も要領のわるい人もいます。でも、それは、ゆたかさを享受する側にも同じような人が同じ程度にいるのと、同じです。世間一般の偏見にとらわれずに問題を直視し、正面からきっちり関わっていくときに、要は個人の資質がどうかではなく、社会の仕組みの問題であったことに気づくのです。

現代世界の貧困は、たまたま出現したというものではなく、作り出されたものです。富と権力の恩恵に浴しつづけたい人たちによる政治と経済政策によって、意図的に作り出されたものであることに気づくのです。

たとえば、日雇い労働者がふつうの常用の仕事に就きたいと思っても、制度上いくつもハードルがあって、実現が困難な仕組みになっています。住民票ひとつとっても、ドヤ(日雇い労働者の多くが利用している住まい)での住民票取得を制度として禁止しているため、日雇い労働者の多くが「住所不定者」にさせられていて、就職活動をする上での超えがたいハードルとなっているのです。日雇い労働者の足止め政策です。日本の土木・建設産業は、雇うのも首を切るのも自由にできる日雇い労働者をあてにして成り立っており、労働基準法違反であることをわかっていながら、国も土木・建設企業を持ちこたえさせる必要上、これを認めているのです(本書「人権と共に人間の尊厳を大切に——むすびに代えて」参照)。

なんらかのハンディを持つ人たちが、いつまでも「弱者」として社会参加を制限されているのも、いわゆる「健常者」「多数者」のみを視野においた街づくり、制度づくりがなされているせいです。

生活の基盤までも失う貧しさが、裕福な人々の生活を優先的に守ろうとする結果であることがわかると、あまりにも公然と行なわれている不公平さにだれでも驚き、守られている側にいる自分に居心地のわるさを覚えるようになるでしょう。

どこの国でも、家を建てる土地がみんなの分、足りないわけではなく、みんながふつうに食べていけるだけの食糧が、地球上に不足しているわけでもありません。一部の人たちが必要以上に占有し、ぜいたくに浪費し、どんどん捨てている結果が、貧困であり、飢えであり、路上死(野垂れ死に)なのです。だれでも憤りを感じるはずです。

湧き上がる「怒り」と霊性の危機感

わたしが住んでいる大阪にかぎって見ても、人々がごくふつうに生活している同じ市内で、毎年何百人もの人が「貧しさゆえの異常死」で亡くなっています。路上やテント小屋での病死、餓死、凍死、自死……。発見の遅れも目立ち、高度腐敗、白骨化、ミイラ化した遺体がその一割を超えています(本書第I部一一頁、「市民のみなさん、いっしょに考えてください」参照)。

世界の人口の半分以上が貧困生活をしいられており、八億の人たちが飢餓状態におかれている……。こうした状況は、富と権力をにぎる世界のリーダーたちと、その「おかげで」ゆたかな生活をエンジョイできる裕福な一般市民の無自覚の協力によって、抑圧と搾取、侵略と破壊、復興支援という名の市場拡大が行なわれる結果、生じているのです。

このような、貧困を生み出す仕組み、正義に反する社会構造に気づくとき、自分たちの利潤追求のためにこの仕組みを温存し、助長しようとする金持ちクラスの人たち、その便宜をはかることによって利権を伸ばそうとする政治家たち、彼らの側に立って制度を忠実に運用する行政の役人たちに対して、怒りと憤りを覚えるようになるはずです。

そのような立場にいる人たちの、人の痛みに対する鈍感さ、弱者切捨てを平然と、淡々と行なう無神経さを、わたしたちは非難せずにはいられなくなります。

しかし、このとき、わたしたちの内に戸惑いが生じ、心がゆれ動きます。

「良識ある社会人として、公的な立場の人たちに怒りを向けていいのか」

「怒ることは心の狭さの現れではないのか、罪ではないのか」

「もっと愛と赦しの心をもつべきではないか」

「平和を願うはずのキリスト者が怒りで心を乱してどうするのか」

……と、社会人としての、キリスト者としての教養が異議を申し立てるわけです。

「怒りや憤りは、どんな場合でも押さえなければならない」とわたしたちは教えられてきたからです。

痛みの共感と同時に自分の内に怒りが湧き上がってくるのを知るとき、キリストに従おうとする者として、そこに霊性上の深刻な危機を感じるのです。

この危機はきちんと乗り越えなければなりません。これを乗り越えないかぎり、わたしたちの霊性のあゆみはそこで止まってしまい、けっきょく先へ進むことはできなくなります。

では、この怒りに、どう対処したらいいのでしょうか。

聖書から「怒り」の大切さを学ぶ

「怒り」について、聖書はどう教えているのでしょうか。イエス・キリストはどうだったでしょうか。どんな場合でも怒ることはなかったのでしょうか。

危機を乗り越えるいちばんいい方法は、聖書にしばしば語られる「神の怒り」「キリストの怒り」の場面を、目をそらさずにていねいに見つめてみることです。その結果、「怒り」が霊性上大事なはたらきをするものであることがわかってきます。怒りや憤りをすべて悪だと決めつけるべきではないことが見えてきます。

イエスはある安息日にユダヤ教の会堂に入り、「手のなえた人」を安息日に手当てするかどうかを試そうとする人たちに向かって、「安息日にみとめられるのは、善を行なうことか、悪を行なうことか。人を救うことか、殺すことか」と、問題の核心を示して問いかけました。人々が答えようとしないのを見て、「イエスは怒りをこめて人々を見まわし、そのかたくなな心を悲しみながら、手のなえた人に、『手をのばしなさい』と言った」。このとき、いやしが起きています（マルコ三章1-6節）。

また、イエスはエルサレムの神殿の境内で、供え物用に牛や羊や鳩を売っている人たちや、献金用の両替をする商人たちを見て、貧しい人たちに肩身の狭い思いをしいることのような宗教上の制度に怒りを覚え、「縄でむちを作り、羊も牛もすべて神殿から追いはらい、両替屋たちの金をまきちらし、台という台をひっくり返した」(ヨハネ二章13-17節、マタイ二一章12-17節　マルコ一一章15-19節　ルカ一九章45-48節参照)。

また、イエスは、宗教の指導者であり民のリーダーであった「律法学者とファリサイ派の人たち」が、「背負いきれない重荷をまとめ、人の肩におくが、それを動かすのに自分は指一本貸そうともしない」ことに対して憤り、彼らを「偽善者」「白くぬった墓」「もののの見えない案内者」「蛇」「毒蛇の子孫」と決めつけます(マタイ二三章1-36節、ルカ一一章42-52節)。

パウロは、その手紙の中で、さけるべき行為を列挙するとき、「怒り」「憤り」も挙げていますが、一方で「あなたたちは怒りなさい」とも言っています(エフェソ四章26節)。パウロがさけるべきとする悪行はすべて、強者の側に立った、自己中心のわがままから出る抑圧的なふるまいです。したがって、貧しく小さくされている人たちが抑圧者に対して「怒る」ことは、対決の姿勢として正当なことと見なしていると言えそうです。「裁くな・裁きなさい」の、相反する指示のばあいと同じです(拙著『続・小さくされた者の側に立つ神』新世社、一九九二年、「裁くな・裁きなさい」の項参照)。

二通りの「怒り」を識別する

「怒り」には二通りあるようです。自分のわがままから出る威圧的な怒りと、痛みの共感・共有から湧き上がる解放を求める怒りです。

前者は利己心と憎しみの現れであって悪であり、こういう怒りは押さえ込む必要があります。しかし後者は、社会的弱者が不当に抑圧されていることへの怒りであり、解放(社会正義の実現)のはたらきに踏み込むための大切なエネルギーとなるものです。

わたしたちが「怒り」「憤り」をすべて否定すべきものと思ってしまう理由の一つは、旧約聖書に語られる神の怒りが、しばしば破壊と殺戮にまで及ぶものとして描かれているため、霊性上まったく無益なことという印象を与えるから、ということがあります。たいていの人がこのような怒りの描写を読み飛ばしてしまいます。その結果、「神が怒る」というその事実までも無視してしまったりするのです。

では、どのように読んだらいいのでしょうか。

神の怒りにともなって描写される破壊と殺戮は、「怒りの激しさ」を表現する、当時よくつかわれた文章表現のパターン(類型)でした。同時代の聖書以外の書き物にも共通して見られる表現です。また一方、旧約聖書が抑圧された弱小の民の側から語られた解放の歴史であることを考えれば、憂さ晴らしもふくめて、他民族との小競り合いでの小さな勝利を誇大に語りつぎ、自分たちの民族主義的な、侵略的な戦いもすべて神による怒りの制裁であったのだと語ることは、ありうることでしょう。

しかし、だからといって、社会の不正や抑圧とそれに加担する者たちに対して神が怒りを向けられたという事実まで、なかったことにしてしまうのは誤りです。なぜなら、「神のことば」(神を啓示する方)である神の子イエス・キリストも、先に見たとおり、不正や抑圧に対して怒りを現す方であるからです。聖書はすべて、新約聖書も旧約聖書も、キリストの視座によって解釈されるべきであるということは、聖書理解の根本です。

新約聖書に語られる神の怒りは、つねに「イエスの怒り」として語られますが、そこには相手の存在を否定してしまうような怒り、怒りのあまり相手のいのちを絶つというような場面はありません。イエスが神の怒りの激しさを人々にわからせようとするとき、旧約聖書の殺戮のエピソードを引き合いに出すこともありますが、あくまでも警告、いましめとして、であったことは、前後の文脈から明らかです。

キリストによって啓示された神の怒りはすべて、しいたげられる貧しい人々の痛みを深く共感していることの現れであり、同時に、しいたげる側の権力者や金持ちたちのメタノイア(視座の転換)を求める熱い思いの現れでした。すべての人を、人として大切にしたい思いから出るものでした。

痛みの共感による「怒り」は，そらしてはならない

しいたげられている者への痛みの共感と抑圧する者たちへの怒りは、表裏一体のもの、一枚のコインの裏と表のようなものです。抑圧する者たちへの神の激しい怒りは、抑圧されている者と抑圧している者双方に対する関心の深さの現れでした。怒りの度合いはしいたげられている者への共感の度合いを示すものであり、それはまた、しいたげる者への関心の度合いを示すものでもあるのです。

もし、わたしがだれかの痛みを共感しつつも、その人が苦しめられていることについて怒りをあまり感じないとしたら、わたしの共感は本物ではないということです。いいかえれば、抑圧する者たちへの神の怒りをわたしも共有するのでなければ、抑圧されている人たちの解放を願う神の思いを、十分に共有するにいたっていないということです。

身近なところでは、行き場のない野宿者を公園から追い出す、寝場所を持たずに商店街のアーケードで夜をすごす人たちを襲撃してケガややけどを負わせる、というようなことがどこでも起きており、彼らには逃げ場がなく、身の置き所がありません。思い切って福祉事務所に生活保護をたのみに行っても、憲法二五条も生活保護法も存在しないかのような対応で、二度と相談には行くまいと心に決めて野宿に戻るだけです。怒りが

湧いてきます。

国外からの移住労働者や難民の人たちを容赦なく摘発し、事情がどうであれ強制収容して、親子であろうが夫婦であろうが家族を引き裂く行政が平然と行なわれています。怒りが湧いてきます。

怒りの矛先をどこに向けるか

怒りは、まず抑圧に直接手を下している人たちに向かうものです。たとえば野宿者問題についていえば、警告書をかざして立ち退きを迫る公園事務所の役人とか、路上に寝ている人たちをゴミ袋ででもあるかのようにタバコの吸いさしや丸めたティッシュを放っていく人たち、鉄パイプやエアーガン、コンクリートブロックや花火で襲撃をかける少年たち、横柄な態度のパトロールの警察官、警察に通報する地域住民……に対して怒りを覚えます。

しかし、痛みの共感から湧き起こる怒りを、現にしいたげている者、手を下している者たちに向け、彼らの不当な仕打ちをやめさせようと行動を起こす中で見えてくるものがあります。このような差別的・抑圧的な仕打ちが、彼らだけの不心得から出ているのではなく、不特定多数の一般市民の差別と偏見に裏打ちされたものであることに気づくのです。

行政も一般市民の多くも、「そんなところにいる方が悪い」、「法律(都市公園法、道路交通法、入管法……)に違反しているのだから、しかたがない」という感覚です。キリスト者の多くも、同情はしつつも、「きまりは守らなければ……」、「不法滞在じゃねぇ……」と法律を優先することに疑問を感じないわけです。

したがって、直接手を下している者たちも、自分のしていることをさほど「不当なこと」とは思っていません。「わる気がない」のです。中には使命感を持って「善意で」している者もいるのです。だから、いつまでもいじめ、抑圧はつづくのです。

この気づきから、やがてわたしたちの怒りの矛先は、こういう社会や制度の責任あるリーダーたち、権力の座にいる者たちに向かうでしょう。洋の東西を問わず、アジアでもアフリカでも、富と権力の座にある者たちこそ諸悪の根源だと思えてくるものです。行政の民生部局や教育委員会の責任ある人たちから、さらには国のトップに立つ人たちに向かいます。小泉首相とその閣僚たちに怒りが向けられます。世界の情勢とのからみで、米国のブッシュに対して、イスラエルのシャロンに対して怒りが向けられます。彼らの失脚を本気で願うほどの怒りとなるでしょう。

では、首のすげ替えをすればいいのでしょうか。小泉首相を引きずり下ろし、ブッシュをつぶし、シャロンを失脚させたら、世の中が変わるのでしょうか。多少は変わるでしょう。でも、大きな体制の流れが変わることは期待できません。そんな単純なことでないことは、歴史が示しています。どこの国でも、その権力の座を支えているのは、ゆたかさと権力の一端を享受できているわたしたち一般市民であり、中流志向のキリスト者でもあるからです。

そこから、わたしたちは、正義に反する社会の仕組み(法律や制度)そのものと、それを平気で受け入れてしまうわたしたち自身の感覚が、人を人として大切にする心を欠落させていたことに、あらためて気づくのです。

社会構造、社会の仕組みそのものが問題であることが、はっきり見えてくるわけです。わたしたちの怒りは、そのような仕組みを代表する者たちにしぼったものから、正義に反する仕組みそのもの、抑圧的な社会構造そのものに向けられていきます。そして、わたしたち自身もみんな、多かれ少なかれ、この正義に反する社会構造、仕組みに組み込まれ、そのとりこになっていることを、あわせて自覚するようになるでしょう。

じつにこのとき、わたしたちは「神の怒り」「キリストの怒り」を共感し始めているのです。

第三のステップ――社会的・政治的行動へ

問題の原因に迫る活動

「神の怒り」「キリストの怒り」は、差別と抑圧、搾取と貧困をたえず産み出しつづける社会の仕組みに対するものでした。この神の怒りを共有できるようになったとき、わたしたちの取り組みの姿勢が、最初のころとはどこか違ったものになります。救援活動のみでは問題の解決に至らないことを思い知り、わたしたちは社会の仕組みそのものを変える努力、社会と政治の変革をうながす何らかの行動を、救援活動とあわせて行なう必要をつよく感じるようになるからです。

救援活動は、事態の原因よりも症状への対応です。負わされてしまった傷に薬をぬる作業です。しかし、たえず負傷者を産み出し、苦しみを永続させる「仕組み」を放置していて、傷の手当てのみに奔走することが、はたしてほんとうに人を大切にしているといえるでしょうか。

なんとか人が傷を負わされないですむように手を尽くすとき、わたしたちのはたらきは意識せずとも社会的・政治的な行動となっているのです。社会全体の仕組みを視野に入れた、問題の原因そのものに迫る行動はすべて、社会的・政治的活動です。真の福音の道をあゆもうとするとき、人はだれでも社会的・政治的活動に参加することになるのです。

イエスがそうでした。

- イエスの「安息日論争」(マタイ一二章1-50節、マルコ二章23節―三章6節、ルカ六章1-11節など)は、律法(法律)優先の社会体制が弱い立場の人たちを「殺している」(マルコ三章4節)という、社会的・政治的な発言と行動でした。
- イエスの「宗教的指導者に対する糾弾」(マタイ二三章1-39節、マルコ一二章38-40節、ルカ二〇章45-47節など)は制度批判であり、まさに社会的・政治的発言そのものでした。

この段階に踏み込むには、勇気が要ります。さまざまな制約と直面することになり、緊張をしいられます。もし、わたしたちが、役所や学校などの公的職場ではたらいているなら、あるいは大企業の管理職につらなる立場にあるなら、あるいは教会の役員をしているなら、直面する制約も大きく、緊張の度合いも強いものとなるでしょう。しかしこれは、わたしたちの霊的成長の大事なステップなのです。

貧しく小さくされた人たちの持つ知恵と力に気づく

福音を生きようとするわたしたちに霊性の成長をもたらす第三段階は、もう一つの気づきによって推し進められます。

「貧しく小さくされている社会的弱者には、自分を解放する潜在的な力がある」ことに気づくことです。彼らは「社会的弱者」と呼ばれてはいても、社会的に弱い立場に立たされているという意味であって、彼ら自身が無力だというのではありません。持っている力を発揮するための「場」や「条件」を奪われているだけなのです。彼らは、「小さい者」なのではなくて、「小さくされている者」なのです。

この社会で貧しく小さくされている人たちは、自分を解放するのに、だれかの指導や判断を必要としているのではありません。彼ら自身の判断と選択にまわりが信頼し、その起こす行動にみんなが連帯し協力することを必要としているのです。

わたしたちは、社会の中で差別され抑圧され、貧しく小さくされている人たちの痛みを共感し、構造的に差別と抑圧を生じさせる社会の仕組みに怒りを覚え、仕組みそのものを変革する必要を痛感するようになるとき、「わたしたちがやってあげなければ……」と、つい思ってしまいがちですが、そういうわたしたちの姿勢を改めなければなりません。

「わたしたち」は何者でしょうか。生活に多少ゆとりがあり、世間並みに教育を受け、中流クラスを自認できる者たちであり、そのうえ教会に属するキリスト者であるかもしれません。社会構造としては抑圧する側にいるわたしたちであるということです。

こういうわたしたちが、おこがましくも「彼らを救済しなければならない。彼らには力も手立てもないのだから……」と考えるわけです。

中には、「彼らが自力で自分たちを救う方法を、教えてやるほうがいい」と考える人もいるでしょう。これは古典的な開発援助の理論です。

しかし、このどちらも、「わたしたち」が主役をつとめることを前提にした発想です。持っている者が持たない者に「与える」「教える」という、強者の発想による救済理論です。

現実はどうなのでしょうか。

現に貧しく小さくされている人たちは、何がなされねばならないか、どのようになされるべきかを、だれよりも知っています。

- 釜ケ崎では「監視カメラ」よりも「仕事がない」ことが人権問題と判断します。
- フセインの独裁は駄目、「解放者」ブッシュの侵略はもっと駄目といい切ります。

貧しく小さくされた人たちは、自分たちが巻き込まれている社会問題の本質を見抜いており、解決に向けて一歩をふみ出す能力も持っており、本人たちだけがそれを実行に移すことができるのです。

- アルミ缶回収や露天商いによる自活の道を見つけています。

貧しく小さくされている人たちから「学ぶ」必要を知る

このことに気づくとき、わたしたちはショックを受けるかもしれません。伝統的な「上からの救済」感覚のわたしたちには、霊性上の危機ともなるはずです。しかし、これこそ発想の転換(メタノイア)をうながす大事な気づきの時なのです。

貧しく小さくされている人たちが真に解放されるために、わたしたちはどこに、どう関わるべきかを、謙虚さをもって正しく理解できたとき、わたしたちの霊性も深められるのです。

わたしたちは貧しく小さくされている人たちから「学ぶ」必要を感じるようになります。その必要を感じるようになったら、もうだいじょうぶ。わたしたちのあゆみは正しい方向に向いています。正義に反する社会構造、弱い立場の人たちを抑圧してしまう社会の仕組みのいちばんの被害者である、貧しく小さくされた人たちには、わたしたちにない洞察力があり、わたしたちにない知恵があるのです。イエスもこのことを告げています。

父よ、天地の主よ、あなたをほめたたえます。

あなたはこのことを、知恵者や賢者にはかくして、
不器用な者たちに示してくださったからです。
（マタイ一一章25節）

世界を変えるために神が選んだ人々は、自分が生きる社会とその仕組みの中で大過なくすごせているわたしたちのような者ではなく、抑圧され、貧しく小さくされている人たちであるということです。

神はこの地上にも「神の国」を実現させることを求めておられ（マタイ六章10節「主の祈り」）、それは「正義（抑圧からの解放）と平和と喜び」が支配する社会のこと（ローマ一四章17節）ですが、神はこれを実現させるために貧しく小さくされた人たちを選んでいるということです。

聖書に記された人類救済の歴史に見る「神の選び」

じっさい、神が選んだ人々は、旧約時代においては、「他のどの民よりも貧弱であった」（申命七章7節）奴隷の民の集団（シナゴーゲー *συναγωγη*）でした。

新約時代においては、「世の身分いやしい者や軽んじられている者、つまり無にひとしいとされている者たち」（Ⅰコリント一章28節）、「世の貧しい人たち」（ヤコブ二章5節）の集会（エクレシア *ἐκκλησια*）でした。どちらも、選ばれているのは貧しく小さくされた

人たちでした。

神は、みんながこの人たちとつながることを通して、すべての人に「救い」すなわち「正義(抑圧からの解放)と平和と喜び」(＝神の国)をもたらすのです(マタイ二五章34-40節)。

神の「選び」は首尾一貫しています。それぞれの「選ばれた民」のリーダーたちも、「貧しく小さくされた者」たちであったことに留意すべきでしょう。

民の父祖アブラハムは「寄留者」でした(創世記一二章1、10節、二〇章1節、二三章4節)。

民のエジプト脱出の指揮者モーセは、他部族に身をひそめる〈逃亡者〉であり「寄留者」(出エジプト二章15、22節)で、「地上のだれよりもしいたげられた者('aNaW)」でした(民数一二章3節。ここは「謙遜な者」という訳では、真意が伝わらない)。

イスラエル建国の父ダビデは、父親から員数外の扱いを受ける「末の子」(サムエル上一六章11節 HaQaToN＝いちばん小さい者)、「貧しく、身分も低い者」(サムエル上一八章23節)、王の追討を受ける〈逃亡者〉であり、「困窮している者、負債のある者、不満を持つ者……の頭領」(サムエル上二二章2節)でした。

新約時代の世の貧しい人たちの集会(教会)のリーダーたちも同じでした。

イエスの**十二人の弟子**は、人々から「罪人」と見なされていた漁師、収税人、熱心党員(過激派)などであり、「小さくされた者」たち(マタイ一〇章42節)でした。

パウロも同じでした。回心後の彼は、賤業と見なされていた「テント造り」で生活することをよぎなくされ(使徒言行録一八章3節)、昼も夜も苦労し、骨折って働き(Ⅱテサロニケ三章8節)、「わたしたちは世のごみ、みんなのカスあつかいです」と自分で語っているとおり、まちがいなく貧しく小さくされた者の一人でした(Ⅰコリント四章11-13節。拙訳『パウロの「獄中書簡」』新世社、二〇〇四年、付録「「パウロ書簡」の著者パウロの視座」参照)。

地球上の何億という人たちが、貧困と栄養失調と餓死をよぎなくされている一方で、現代世界の富を自分たちのまわりにかき集めて、飽食とぜいたくと便利さ追求を楽しむ人たちがいるという、常軌を逸した世界からあなたやわたしを救うために、神は世の貧しく小さくされた人たちをお使いになるということです。

この一点を押さえて、そのつもりで連帯し、協力しようと動きだしてみてください。たしかにそこに神が現存し、はたらいておられることを体験するでしょう。貧しく小さくされている人たちの苦しみと痛みの中に受難のキリストの姿を見るだけでなく、彼らの訴え、要求の奥に神の声を聞き、彼らがふみ出す一歩とその方向の選択に、神の手とその力を知るようになるはずです。

貧しく小さくされている人たちとの連帯こそが、唯一この世界に平和と一致をもたらす道であり、みんなが救われる方法であることを、聖書は明らかにしています。

……体で「いちばん貧弱」と見なされている部分が、だいじなのです。わたしたちは、体の部分で「たいしたことない」と思ってしまうところを、なによりも尊重するようにします。それで、わたしたちが「目ざわりだ」としていた部分が、よりすぐれた調和をもたらすようになるわけです。調和がとれている部分には、そうする必要はありません。
神は「不足がちのところ」をなによりも尊重すべきものとして、体を組み立てられました。それで体に分裂がなくなり、各部分が互いに配慮しあうようになるのです。こうして、一つの部分が苦しむなら、すべての部分がともに苦しみ、一つの部分がほまれを受けるなら、すべての部分がともに喜ぶようになるのです。

（Ⅰコリント一二章22-26節）

この小さくされた者の一人を、わたしの弟子とみとめて、よく冷やした水一杯でも差しだす人は、はっきり言っておくが、わたしの弟子であるその小さくされた者と同じむくいを受けるのである。

（マタイ一〇章42節）

第四のステップ――単純な「弱者賛美」から真の連帯へ

貧しく小さくされた人たちを「美化」しない

神は世の貧しく小さくされている者たちをあえて選んで、世のすべての人の解放と救いを行なわれるのだという気づきは、わたしたちに発想の転換をもたらしたと思います。ここで、気をつけなければならないことがあります。わたしたちは非現実的なまちがった「弱者賛美」に引き込まれてしまう危険があるのです。社会的弱者をひたすら美化してしまい、あるがままに見ようとしなくなるのです。

わたしたちキリスト者をふくめ、宗教やイデオロギーの信条で行動するタイプの人に多く見られることですが、差別され抑圧される側にいる人ならだれでも、そのやること、語ることはすべて正しいのだと思いたがります。そして、貧しく小さくされた人たちには、人間ならだれでも持っている欠点、過ちがないかのように対応しようとするのです。

このようなまちがった「弱者賛美」は、じつは貧しく小さくされている人たちに対する「差別の裏返し」であり、わたしたちの連帯と支援を空洞化させるものです。はっきりいって社会活動の霊性のあゆみにおいて障害となっています。

社会活動の霊性の最後の段階、第四のステップは、貧しく小さくされている人たちを美化し、英雄視する過ちから抜け出すことによって始まります。

抑圧され、貧しく小さくされている人たちを通して神がはたらかれるといっても、彼らも一人ひとりは欠点もあり、罪や過失も犯し、人を裏切り自分を裏切ることもあり、より弱い立場の者をしいたげもするのだということを、ありのままに認めるところから始まるのです。

貧しく小さくされた人たちは、わたしたちと同じ人間であり、わたしたちと同じように、ときにはわたしたち以上に、利己的で、協調性に乏しく、融通がきかず、献身的とはいえず、無駄遣いもし、約束を守らないこともある……。また、貧しく小さくされている人たちの中には、わたしたち以上に中流志向が強く、政治的なはたらきかけに無関心という人たちもいる……。

このような現実に直面したとき、わたしたちは幻滅を感じるかもしれません。神が共にはたらいているはずの人たちなのに、どうしてこうなのか、と当惑します。しかし、この体験こそ、現実的な、本物の連帯を生み出すための必須条件なのです。

神が貧しく小さくされた人たちを選んだのは、彼らが過ちを犯さない聖人君子だからではなく、彼らが抑圧される側に立たされている人たちだからでした。

また、キリストが「金持ちが神の国に入るよりは、らくだが針の穴に入るほうが、まだやさしい」(ルカ一八章25節)と断言したのも、金持ちがすべて身持ちのわるい悪人だからではなく、「家財を握りこむ者が神の国に入るのは、なんとむつかしいことか」(ルカ一八章24節)と言っているように、富をひとり占めにしているかぎり、その人は抑圧する側に立ちつづけていることになるからでした。

抑圧された側に立つ人の、個人の資質にではなく、その感性に学ぶ

わたしたちがいつも念頭におかなければならないのは、事は社会構造の問題、社会の仕組みの問題であるということです。わたしたちはみんな、社会の大きな仕組みの中で、抑圧する側か、抑圧される側かの、どちらかに立っているのであり、どちらの立場に立つかによって、わたしたちの発想の仕方、行動の選択、犯す過ちのタイプがきまってしまうのです。

わたしたちが貧しく小さくされている人たちから学ばなければならないというのは、彼らが個人としてわたしたちよりも優秀で模範的だからではなく、抑圧され貧しくされるとはどういうことかを、だれよりも知っているからであり、そこから解放されるために、まず何をどうすべきかを、自分のこととしてわかっているからです。また、彼らは貧しく小さくされているがゆえに、貧しくも小さくもされていないわたしたちが犯しがちな過ちを、犯すことはないからです。わたしたちが彼らから学ぶのは、その価値観、その感性なのです。

聖書の用語で、「貧しさ」を意味するギリシア語プトーケイア(πτωχεια)は、ヘブライ語オニー(ʿoNi)＝「抑圧」の当て語(訳語)として使われているように、「貧しさ」と「抑圧」は密接に関連しており、抑圧されて貧しくなるという一方で、貧しいがゆえに抑圧され小さくされるという現実もあるわけです。

ちなみに、聖書で語られる「悪」(〔ギ語〕πονηρια ポネーリア、〔ヘ語〕RaShʿa ラシャー)とは、ほとんどいつも、「だれかがだれかを抑圧する行為」を指すものであり、「善」(〔ギ語〕ἀγαθος アガトス、〔ヘ語〕ToV トーブ)とは、「その人／物の性質のすばらしさを引き出す行為」のことです。「悪を避け、善を行なう」とはどういうことかが見えてきます。じつに、貧しさ／抑圧と闘うことは、すなわち悪そのものと闘うことであり、闘うことによって貧しく抑圧されている人たちの本来のすばらしさを引き出すはたらきをするということです。

連帯して闘う

正義について、平和について、差別や抑圧とどう闘うかについて、貧しく小さくされた人たちから学ぶ、いちばんの方法は、彼らと連帯して共に闘いに参加することです。連帯して闘うとは、わたしたちのピントのぼけた解放理論を押し付けることではなく、彼ら自身の感性が選ぶ優先順位と闘いの方法を謙虚に認めて、そこに参加するということです。

真の連帯は、双方が、それぞれの社会的背景、それぞれの生活スタイル、それぞれが果たす役割の違いを認めつつ、貧しく小さくされた人たちの選択に連携して、正義に反する社会の仕組みに対決するときに実現します。

わたしたちが彼らと連帯するとき、心にとめておかなければならないことは、こちらがリーダーシップをとって、彼らの間に亀裂を入れ、分断してしまうようなやり方をしないことです。これはぜったいに避けなければなりません。大事なことは、現に抑圧され、貧しく小さくされている人たちの真の願いに連帯することです。

キリストを通して神が求めておられる「正義(抑圧からの解放)と平和と喜び」(=神の国)の実現が、まさに貧しく小さくされている人たちによって要求されていることに気づくとき、キリスト者たちはこの人たちと連帯することこそ、キリストに結ばれた連帯であることを実感するでしょう。貧しく小さくされている人たちの訴えが神からの訴えであったことに気づくとき、わたしたちは貧しく小さくされた人たちの個人としての欠点や過ちと、そこから受ける幻滅や失望を乗り越えることができるのです。

福音に信頼してあゆみを起こす

これは、一人ひとりが行動を起こし、実践する中で、体得していくことかもしれません。わたしたちはこれら四つのステップがあることをあらかじめ知っておくことで、そのつど直面するショックや危機を自覚的に乗り越え、この体験をかさねることによって、福音による社会活動の霊性を深めつつ、自らも解放されていくでしょう。

わたしたちはみんな、このプロセスのどこかにいるはずです。ある人たちは自分のずっと先を歩んでおり、ある人たちはこの霊性のあゆみを始めたばかりかもしれません。わたしたちは先を行く人たちを理解するのに苦しむことがあるでしょうし、また、後からくる人たちをまどろこしく思うこともあるかもしれません。しかし、後からくる人たちの戸惑いや疑問は自分も通ってきた道です。理解できるはずです。そして、この福音のあゆみに伴う苦しみこそ、わたしたちが霊的に成長していくしるしであると、正しく評価することもできるはずです。

わたしたちは、互いに非難したり、反発したりすべきではありません。

福音による社会活動、すなわち「正義(抑圧からの解放)と平和と喜び」(＝神の国)のための道を歩もうとするわたしたちみんなに必要なことは、互いに受容し、励まし、ささえあうことであり、このプロセスのどの段階であろうとも、わたしたちが貧しく小さくされている人たちとの関わりを大事にしているかぎり、彼らを通してはたらく同じ聖霊に導かれていることを認め合うことができるのです。

信仰とは、イエス・キリストが身をもって告げた福音に、信頼してあゆみを起こすことです。やってみて、できたところまでが自分の信仰なのだと、イエスは示唆しているように思います(ルカ一七章5-6節、マタイ一七章20節、二一章21節、マルコ一一章23節)。

＊ これは、南アフリカで働くドミニコ会の聖書学者アルバート・ノーラン(Albert Nolan)の講演録“A Spirituality for Social Activists”(1988)のアウトラインを下敷きに借りて、釜ケ崎でのわたし自身の体験による福音理解、信仰理解をまとめたものです。

(二〇〇四年四月一九日)

人権と共に人間の尊厳を大切に――むすびに代えて

平成不況が生み出した「国内難民」――野宿をしいられる人々

わたしたちの身近かな周囲で、野宿生活をしいられる人がふえています。いまや、市中の公園や河川敷で、テントや仮小屋が建っていない方がまれなくらいです。商店街のひさしやアーケードを、夜だけ借りるという野宿者もおおぜいいます。

テントや仮小屋といっても、レジャーのキャンプをイメージしないでください。ただ生きのびるためのぎりぎりの緊急避難です。ブルーシートはすれるとすぐほつれて、あちこち簡単に穴があいてしまいます。アリや蚊にかまれ、ゴキブリやねずみがはいまわり、日照りのときにはかまどのように暑く、冬の底冷えはどう耐えようもなく、雨が降ればテントの内も外もぬかるみです。水場もトイレも遠くまで歩かなければならない毎日……。

みんな、食べるために毎日働いています。市内だけでなく、周辺都市まで台車を押し、自転車で走ります。それも車の少ない夜間や早朝です。アルミ缶や廃品を回収して、一日の収入が平均三百—五百円。コンビニなどの廃棄食品もあわせて利用しながら、かろうじて食いつなぐという生活をよぎなくされています。一日一食という人も少なくありません。

病気になったら、医者に見てもらうためには、病状がひどくなるのをまって救急車を呼ぶしか方法はありません。救急指定病院でも、自分で歩いていったら診てくれません。お金も保険証もないので、福祉扱いにしてもらうには救急車で運ばれなければならないのです。衰弱死、餓死、自殺する人があとをたちません。

一九九九年、大阪市が行なった「野宿者概数調査」で、八六六〇名の公園・河川敷・路上で生活する人々を確認しました。しかし、それ以後も野宿をしいられる人はふえる一方で、大阪城公園に限ってみても、一九九九年十月の公園担当市職員の報告では、「大阪城公園に五〇〇のテントが張られている」ということでしたが、翌年、「この三月には五六八軒」といってました。

万博、サミット、国体が催され、東アジア大会やワールドカップも開かれ、世界バラ会議の開催を予定しているという「文化的」「国際的」な大都市大阪に、「人として」生きることをはばまれた仲間たちがいるのです。

この状況を、あなたはどう見ますか？　日ごろ、このような「風景」に接して、何を考えますか？

人のいのちをもてあそぶ「追い出し」モード

家の近くに野宿する人が日増しにふえ、わずかな息抜きの場である公園にテントや仮小屋が目立つようになれば、地域の住民としてはたまったものではないでしょう。あの手この手でひたすら追い出しをはかります。地域ボスに訴え、警察、役所になんとかしろと迫ります。無理からぬことかもしれません。

でも、そこを出て、どこへ……？　警察や役所は、地元からの要請があるとすぐに「道路交通法」や「都市公園法」を盾に、撤去勧告ビラや巡回口頭で「立ち退き」を強要します。職責上やらざるを得ないわけです。しかし、行き場のない仲間にとっては、存在そのものを否定される迫害です。

もし、その人たちが自分の家やアパートがあるのに公園や道路を占拠して、別荘代わりにしているというのであれば、追い出しは、ありです。公共の設備を一部とはいえ、気ままに私物化することは認められることではありません。しかし、そうではなくて、どこにも行き場がない場合は、どうすればいいのでしょう……？

「仕事さえあれば……」と、野宿者のだれもが願っていることは、大阪市の調査からも明らかです。しかし、その仕事がない……！　生活保護を求めても、大阪市が野宿者にただ一つ認める救護施設、厚生施設は、どこも満杯状態……。居宅保護を申請したくても「居宅」を失った野宿者は、申請書すら受け付けてもらえなかったのです。

追い出しがもはや意味をなさないことを、行政は承知しています。地域の住民もそれなりに察してはいます。かりにそこを出たとしても、またどこかにテントを張るしかないことは目に見えているからです。わかっていながら、それでも追い出しをかけるわけです。こうして住民も行政も、人をベランダに寄ってくるハト並みにあしらい、人のいのちをもてあそぶ結果となっているのです。

「人権」と「人としての尊厳」

このような社会全体の空気の中で、路上生活をしいられた人々に対するいやがらせは、どこでも、なかば公然と起きています。人が寝ているダンボールの囲いを通りすがりに蹴飛ばしていく、火のついたタバコの吸いさしや空き缶を投げこむ、飲み残しの缶コーヒーを寝ている上にたらしながらいく……。

少年や若者らによる「グループ襲撃」も、このところひんぱんに起きています。自転車やバイク、乗用車などで押しかけ、一抱えもある太い角材の切れっぱしやブロックの大きなかけら、植木鉢を放りこむ、花火を投げ込む、エアガンを打ち込む、灯油をまいて火をつける……といった、ふつうでは考えられないようなことが現実に起きているのです。骨折ややけどで救急車を呼ぶということが起きています。

人が人としてあつかわれないまま放置されるとき、踏みつけにされるその人の人権が傷つけられるだけでなく、踏みつける側の人々の心を荒廃させます。自分は直接手をかけなくても、それを見て見ぬふりをする人たちも等しく、人としての尊厳を蝕まれていくのです。

人は、たとえしいたげられても、必ずしも人としての尊厳を失うものではありません。むしろ、おのれの尊厳を孤高に保つということも、ままあります。しかし、人をしいたげる側は確実に「人でなし」になっていきます。

こういうことは「野宿者」の場合のみならず、貧しいお年寄りや障害者、身を守るすべのない子どもたち、国籍や社会的因習でいわれなく差別を受ける仲間たちなど、社会的に弱い立場に立たされた者との関わりでも同じです。仲間たちの困難を目の当たりにしながら目をそらし、その訴えに耳を傾けることをこばむとき、人は自分をもダメにしているのです。こうして社会はますます荒んでいくようです。

「社会」問題を「個人の資質」の問題にすりかえるな

最近では子ども連れでテント暮らしをしている夫婦や、背広と革靴姿で路上生活をしている人も見かけます。かつて「野宿するのは仕事にアブレた釜ケ崎の日雇いの人」というのが常識のようになっていて、「あいつらは自業自得や、ほっとけ」といわれていましたが、そういう見方がまちがいであったことが、関西大震災のときの「テント風景」になじんでこの方、ようやく一部の人たちの意識にのぼり始めました。

大阪市は、概数調査のあと、あらためて「野宿生活者聞き取り調査」を行ない、「六七二名」の公園・路上生活の人たちと面談して中間報告をまとめていますが、路上生活者の半数は「釜ケ崎を知らない人たち」ということです。リストラ、倒産、借金、家庭崩壊……野宿にいたる原因はさまざまです。

かつて日本の四大産業(炭鉱、造船、鉄道、金属鉄鋼)が没落して多大な失業者を出したとき、全国の「寄せ場」がみごとにクッションの役割をはたしました。とりあえず日雇いで糊口をしのぐことができたわけです。しかし、国と自治体が手軽に取り入れた日雇い就労制度は、それ自体、じつは定職への転職を困難にする仕組みになっており、病気やケガひとつで、簡単に労働者を野宿へ移行させてしまうものでした。

行政が簡易宿泊所(ドヤ)での住民票取得を認めず、あえて「住所不定」者を生み出してきたことは、日雇い労働者から職業選択の自由をうばうものでした。職安を通じての仕事探しをかぎりなく困難にし、生活保護法の適用から事実上疎外したのです。そのため寄せ場周辺には、景気の好・不況にかかわらず、ふだんから野宿をしいられる労働者がいたわけです。

バブル崩壊を機に始まった平成不況のあおりで、いまや、釜ケ崎のような「寄せ場」までが解体しつつあります。リストラや倒産などで職を失った者に、とりあえずの就労機会を提供する場が機能しなくなっているのです。このことが、野宿生活者を急増大させている大きな要因の一つにもなっていると思われます。

就労をはばむ見えにくいハードル

「釜ケ崎の人たちは、どうして日雇いの生活にしがみついているの?」、「選びさえしなければ、何か仕事はあるんじゃないの?」、「野宿をしいられているというけど、とどのつまりは自業自得じゃないの?」。

釜ケ崎に住むようになるまで、わたしもそう思っていました。でも、じっさいは日雇い労働者にとって、個人の努力では越えがたい、一般には見えにくい、転職のハードルがあったのです。釜ケ崎にくるまで、わたしはそれに気づきませんでした。一般の人にとって、それはハードルではないからです。「住民票」「身元保証人」「給料の後払い」

の三つが、それです。

(1) 住民票　日雇い労働者の大半は日払いの簡易宿泊所(ドヤ)を利用します。同じドヤの同じ部屋に十年以上住んでいるという人もいます。でもその労働者は「住所不定」と見なされます。住民票をそこに置いていないからです。それは居所を知られたくないからではありません。ドヤで住民票を取ることを行政が認めないからなのです。「ドヤは旅館であり、旅館に泊まるのは旅人……旅先で住民票を取るのを認めるわけにはいかない」というのが、行政の言い分です。

「それなら、なぜアパートにしないの?」……当然の疑問です。たしかにドヤは月額になおすと、アパートを借りるより割高です。それでも、多くの労働者はドヤ住まいから離れられません。日雇い就労のしくみがそうさせるのです。

朝四時まえに労働センターに出て、うまく仕事につければ、帰ってくるのはくたくたに疲れて夕方の六時か七時。風呂へ行って、飯を食って、翌日にそなえて早く寝る。好況のときはこれが連日です。家事をするひまもゆとりもありません。景気がかげりを見せると、とたんに仕事が減ります。景気の良いときでも、年間のサイクルとして極端に求人が減少する「アブレ期」(四月—七月)があります。そのときは一部の選抜労働者をのぞいて「飯場」に入るしかありません。十日、二十日、一カ月から数カ月、釜ケ崎を離れることになります。飯場に入っていれば、毎日ではなくても必ず仕事はまわってきます。しかし、食事・宿泊・その他の「飯代《はんだい》」一日三千円前後を毎日引かれます。一日働いて三日休ませられるというサイクルでは、十日契約なら一カ月以上の飯場暮らしとなり、契約あけにもらう賃金が一万円札一枚ということです。すでにアパートを借りていたら、二重に家賃を払っていることになり、しかもつぎの家賃分の稼ぎはなかったということなのです。ですから、たとえ割高ではあっても、日払いのドヤのほうがロスが少ないわけです。まえに稼ぎためた金も、日々のドヤ代で食いつぶすしかなく、故郷への送金はしたくてもできなくなり、ますます敷居が高くなって、家族との連絡も取りずらくなっていくのです。

もし、行政がドヤの住民票取得を認めさえすれば、ハードルの一つはクリアーされます。野宿になる前に転職できる確率も高くなるはずです。行政みずから「住所不定者」をつくりだし、転職をはばんでいることを、わたしたちは知らなければなりません。

(2)　身元保証人　　寄せ場で働く日雇い労働者にとって、とりわけ野宿をしいられた身で、転職にあたって身元保証人を探すことは至難の業です。安定したそれなりの職場ほど、この条件はきびしく求められます。かつての仕事仲間で、「自分でよければなってもいい」といってくれる人はいても、同じ日雇い労働者では採用先が認めません。

身元保証人を必要としない仕事もないわけではありません。しかし、そういう場合は、若さと体力が要求されることが多いのです。野宿者の平均年齢が五十七歳ということを考えれば、そういう仕事への就労の可能性はかぎりなくゼロに等しいということです。

(3) 給料の後払い　これが転職のハードルだとは、ふつうではなかなか気づかないものです。給料の後払いは、どこの世界でも当然のことでしょう。しかし、野宿をしいられている身には致命的です。たとえ、第一、第二のハードルをなんとかクリアーしたとしても、最初の給料をもらうまで、飲まず食わずで仕事ができるはずがありません。職場が離れていれば交通費も要ります。

福祉事務所には貸付金制度がありますが、住民票の置ける住まいのない人には貸してくれません。悔し涙を飲んで、アルミ缶集め、ダンボール集めをしながら、野宿をつづけるしかないのです。期間限定でもいいから、転職に際しての行政による支度金の貸付制度があれば、どれほどの人が野宿から解放されることでしょうか。

職安を通じて十三回面接にいったけれども駄目だったという労働者もいます。仕事を選んだわけではない、どんな仕事でもいいと腹をくっていたのです。しかし、世間一般ではなんでもない決まりごとが、野宿の身には越えがたいハードルになっているのです。

怠けて野宿をしているのではない、好きでこういう生き方を選んでいるのでもない、弱者をかえりみない社会のルールによって、選択肢を奪われているのです。野宿は、しいられているのだということを、わたしたちは知らねばなりません。

野宿者の増大は明らかに制度の破綻からくるもの。個々人の努力ではどう踏みこたえようもない、社会構造のひずみが原因です。地殻変動が地表の弱い部分に地震として現れるように、社会構造のひずみも社会的弱者に集中して現れるのでしょう。それを個人の資質の問題にすりかえて、努力や忍耐の不足をうんぬんすることは許されません。それをやってしまうところに、野宿をしいられた人々に対する社会ぐるみの「人権侵害」(追い出しと襲撃)の暗黙の正当化がなされ、その結果、みんなが人としての尊厳を喪失することになるわけです。

支援・連帯のこころがまえ

「いじめはやめよう……かわいそうじゃないか」という発想を突き抜ける必要があります。「いじめ」が、いじめられる人の人権を傷つけるだけで、いじめる側は無傷だという感覚でいるかぎり、「いじめ」はなくなりません。そういう感覚自体がいじめの温床だからです。

人を傷つけるとき、まちがいなく自分自身が人としての尊厳を失い、みずから「人でなし」に変貌していくという強い自覚をもてるようになりたいと思います。

生活設計のためのあらゆる選択肢を、個別にも制度としても、うばわれている野宿をしいられている仲間たちに対して、「彼らの自立と労働意欲をうながすために……」とは、じつはだれもいう資格はないのです。このような姿勢は、「いじめ」と同質の感覚です。

施策を打ち、支援を考えることができる立場にいるわたしたちのだれよりも、彼らは自立しており、だれよりも多く働いています。自立しているからこそ、何にもない中で、何の法的支えもない中で、たくましくも、したたかにも生きているのです。ここのところをしっかり見つめて行動に移すときはじめて、相手の人権と共にその尊厳をも認めた支援、施策となるはずです。

釜ケ崎では、自分が野宿していてたいへんなのに、アパートがあって三度三度食べているわたしに、「むりしたらアカンよ」と声をかけてくれる労働者が少なくありません。恐縮して思わず頭が下がります。

人の痛みをだれよりも知っている、社会でいちばん小さくされているこの仲間たちだからこそ、たてまえのきれいごとにごまかされない真実の価値観をもち、その感性は人々の欺瞞をあばくのです。

彼らのために何かをしてやろうというのであれば、行政であれ、地域住民であれ、支援者であれ、まずこの仲間たちの極限状況の視座に立つ価値観に学び、その感性に触発されて正しく連帯することが求められていると思います。

仕事にアブレて、野宿をしいられている人たちがいちばん望んでいることは何か……百人のうち九十九人までが「仕事さえあれば……」といっているのです。炊き出しがあればおおぜいが並びます。反失連が建てた二階建ての大テントも、三角公園わきの市のシェルターもいつも満員です。衣料放出をすれば、たちまち品切れです。夜まわりをすれば「ありがとう、ごくろうさん」とねぎらってくれます。しかし、だからといって、「ここに力をいれて……」という施策、支援のあり方は考えものです。こういうことはいずれも、「とりあえず」の緊急避難的な策のはずです。

二〇〇二年に「ホームレスの自立の支援等に関する特別措置法」ができ、「雇用の場の確保」と「生活保護法による保護の実施」によって野宿生活から脱却させることがはっきりとうたわれているにもかかわらず、いまだに就労対策はなく、生活保護もすんなり受けられない状況がつづいています。

そんな中で、今年(二〇〇六年)一月に、大阪市は世界バラ会議と緑化フェア開催のため、二つの公園のテントを行政代執行によって強制撤去し、四十六名の人たちを追い出しました。行政が彼らに提示した行き先は、集団収容施設としての「シェルター」(食事なし)と、雇用の場の確保がないためにあまり成果が上がらない「自立支援センター」(二段ベッドの八人部屋でプライバシーなし)だけで、しかも六カ月―一年の期限付きのものだけで、生活保護法の適用は提示されませんでした。現場では、このような憲法違犯が行政によって堂々と行なわれています。

彼らが真実望んでいる「働いて、自分で生活を段取りする」ことにこそ、わたしたちの支援と連帯を位置づけ、行政はそれに向けて施策を講じるべきなのです。野宿をしいられた野宿を支援するのではなく、野宿をしいられている仲間の願いに連帯したいものです。

本書では、主に釜ケ崎のこと、野宿生活をしいられている人々に焦点がしぼられたかもしれません。しかし、貧しく小さくされた人々は、わたしたちの社会の谷間に、さまざまな姿で存在しています。自分の身近なところで連帯できるはずです。

現代文庫版あとがき

「釜ケ崎と福音」を単行本として岩波から出版していただいたのが二〇〇六年三月。このたび、二〇一五年一月から行われる現代文庫一五周年記念フェアに際し文庫版として再刊したい、とのお話をいただきました。

九年もたつと、世界情勢、国内情勢も変わりました。アメリカの大統領はジョージ・W・ブッシュからバラク・オバマに、日本の首相は小泉純一郎から安倍晋三に代替わりしています。良く変わったのであればいいのですが、状況はさらに深刻です。

オバマ米国はTPP(環太平洋パートナーシップ協定)のおしつけによる、米国の経済支配圏の確立をもくろんで、対中国、対ロシアへの影響力拡大を目指しています。いうまでもなく、経済の隠れた目玉商品は軍産製品です。

安倍日本は、戦争と武力行使の放棄を宣言する平和憲法の9条をなしくずしに改悪して、日本が「戦争のできる国」になることをあこがれ、目指しています。

国会ではすでに「日の丸・君が代」を法制化し、「有事(戦争)法」を制定し、「共謀罪」を定め、「特定秘密保護法」「集団的自衛権行使容認」を閣議決定して、わたしたちの言論の自由をうばい、国民を時の政権に従うだけの家畜の群れにしようとしています。また、いつの間にか「強い日本を創る国民会議」という不気味な超保守の集団が結成されているようで、安倍内閣一九名の閣僚のうち一五名がそれに属している(二〇一四年一一月二〇日現在)そうです。

教育に関する議論には、しきりに「国を愛する」ということばが飛び交い、かつて戦前、戦中にもてはやされた「愛国」少年少女を今再び、という空気があります。

最悪は、「美しい日本」をイメージさせたいばかりに、日本軍の力と恫喝による「従軍慰安婦」(性奴隷)の歴史的事実を改ざんしようとしていることです。真実を認め、受けとめてこそ、人は自由になり、課題に対する新たな取り組み方が見えてくるのに、「靖国参拝」のしがらみを抜け出せず、姑息な手立て、ごまかしに終始しています。

「アベノミクス」というゴロのよいことばを乱発して、何かいいことがありそう、と人々に幻想を抱かせました。実は、その中身は、日本銀行でお札を刷り増しすること、消費税を上げること、経済成長のしくみをつくって大手企業を優遇することにほかなりません。この三つをアベノミクスの「三本の矢」と喧伝していたわけですが、二本目の矢の段階で馬脚をあらわしました。GDPがどんどん下がっている事実が明らかになり、安倍首相はあわてて衆院解散、増税時期の一年半先送りに逃げこまざるを得なくなったわけです。その発表がきのう(二〇一四年一一月一八日)でした。

同志社大学のすぐれた経済学者は、当初からこの経済政策の欺瞞を見ぬき、いま世界に必要なのは、成長の経済ではなく「分配の経済」であると言い切り、アベノミクスは「アホノミクス」だとユーモアを交えて公言してはばかりません。

二〇一一年三月一一日の東日本大震災の際に起きた福島原発事故への被曝対策もずさんで、原発建屋からの放射能汚染水の流出を止める手立ても効果ないまま、一方では「除染」という響きのよい名目で、水洗いや表土の鋤返しをうながし、さも効果があるかのような印象付けをしています。安倍政権も東電をはじめとする大手電力会社、原発メーカーである東芝・日立・GEも、一九八六年四月のチェルノブイリ原発事故から何も学ぼうとしません。チェルノブイリ原発事故は手の施しようがないと見きわめ、施設全部を石棺で封じ込め、三〇キロ圏内を二五年間立ち入り禁止にするしかなかったのです。

にもかかわらず、安倍政権と電力会社、原発メーカー企業は結託して、「原発再稼働」と「原発輸出」に動いています。そこに御用学者たちがもっともらしく原発の安全神話を語りつづけています。原発産業というものが、もはや電力供給の安定化のためではなく、核兵器の製造と保持のためであるということは、次第に明らかにされてきているのです。政権と大企業のもくろみは見え見えです。

「武力による威嚇又は武力の行使は、国際紛争を解決する手段としては、永久にこれを放棄する」(憲法9条より)腹をくくってほしいものです。

どうしたら、この閉塞した状況を打ち破ることができるのか。さらなる力、さらなる脅威、軍事力ですか。それはすでに限度いっぱいまでやってきて、今の混乱と命の消耗を生じさせているのです。

人を人として大切にする。ここに立ち返るところからやり直すしかありません。現実的なとっかかりは、今いちばん大切にされていない人(人々)の側に視座を移すことです。その人たちの側から、起きている事態をしっかりと見直すのです。

人が人として大切にされないとは、安心して働き、生活できる場所と住まいと仕事がない状態、すなわち貧困、飢餓、差別、抑圧、尊厳と生命の軽視にさらされていることです。

視座を移すとは、こういう人たちに目を向けるとか関心を向けるというレベルのことではありません。そういうことなら、すでにみんながやってきたことです。ある人たちは慈善とか救済のために、ある人たちは己の支配力、冷徹さを世界に見せつけるために。どっちもどっちです。弱い立場の人たちを、誤解を恐れずに言えば、利用しているのです。

仕事を奪われ、家を壊され、生活と命を奪われていく人たちを、自分の仲間、身内として「連帯」する視座が求められています。この視座に立ってこそ、何をなすべきかが見えてくるものです。

本書を手に取ってくださった方に、ひとつのことばを紹介して、「釜ケ崎と福音」現代文庫版のあとがきを終ります。

「貧しい人(=抑圧されている人)を、今のままにそっとしておくだけの愛のわざでは足りません。正義を求め、貧しい人がもう貧しくなくなる道を見出すことを、求めます」

——新ローマ法王フランシスコ

二〇一四年一一月二〇日

本田哲郎

本書は二〇〇六年三月、岩波書店より刊行された。

釜ケ崎と福音 ―神は貧しく小さくされた者と共に

2015年2月17日　第1刷発行
2024年9月5日　第6刷発行

著　者　本田哲郎《ほんだてつろう》

発行者　坂本政謙

発行所　株式会社 岩波書店
〒101-8002 東京都千代田区一ツ橋2-5-5
案内 03-5210-4000　営業部 03-5210-4111
https://www.iwanami.co.jp/

印刷・精興社　製本・中永製本

ISBN 978-4-00-603282-1　　Printed in Japan

岩波現代文庫創刊二〇年に際して

二一世紀が始まってからすでに二〇年が経とうとしています。この間のグローバル化の急激な進行は世界のあり方を大きく変えました。世界規模で経済や情報の結びつきが強まるとともに、国境を越えた人の移動は日常の光景となり、今やどこに住んでいても、私たちの暮らしは世界中の様々な出来事と無関係ではいられません。しかし、グローバル化の中で否応なくもたらされる「他者」との出会いや交流は、新たな文化や価値観だけではなく、摩擦や衝突、そしてしばしば憎悪までをも生み出しています。グローバル化にともなう副作用は、その恩恵を遥かにこえていると言わざるを得ません。

今私たちに求められているのは、国内、国外にかかわらず、異なる歴史や経験、文化を持つ「他者」と向き合い、よりよい関係を結び直してゆくための想像力、構想力ではないでしょうか。

新世紀の到来を目前にした二〇〇〇年一月に創刊された岩波現代文庫は、この二〇年を通して、哲学や歴史、経済、自然科学から、小説やエッセイ、ルポルタージュにいたるまで幅広いジャンルの書目を刊行してきました。一〇〇〇点を超える書目には、人類が直面してきた様々な課題と、試行錯誤の営みが刻まれています。読書を通した過去の「他者」との出会いから得られる知識や経験は、私たちがよりよい社会を作り上げてゆくために大きな示唆を与えてくれるはずです。

一冊の本が世界を変える大きな力を持つことを信じ、岩波現代文庫はこれからもさらなるラインナップの充実をめざしてゆきます。

（二〇二〇年一月）

岩波現代文庫［社会］

S276
ひとり起つ
―私の会った反骨の人―
鎌田慧

組織や権力にこびずに自らの道を疾走し続けた著名人二二人の挑戦。灰谷健次郎、家永三郎、戸村一作、高木仁三郎、斎藤茂男他、今も傑出した存在感を放つ人々との対話。

S277
民意のつくられかた
斎藤貴男

原発への支持や、道路建設、五輪招致など、国策・政策の遂行にむけ、いかに世論が誘導・操作されるかを浮彫りにした衝撃のルポ。

S278
インドネシア・スンダ世界に暮らす
村井吉敬

激変していく直前の西ジャワ地方に生きる市井の人々の息遣いが濃厚に伝わる希有な現地調査と観察記録。一九七八年の初々しい著者デビュー作。〈解説〉後藤乾一

S279
老いの空白
鷲田清一

〈老い〉はほんとうに「問題」なのか？　身近な問題を哲学的に論じてきた第一線の哲学者が、超高齢化という現代社会の難問に挑む。

S280
チェンジング・ブルー
―気候変動の謎に迫る―
大河内直彦

地球の気候はこれからどう変わるのか。謎の解明にいどむ科学者たちのドラマをスリリングに描く。講談社科学出版賞受賞作。
〈解説〉成毛　眞

2024. 8

岩波現代文庫[社会]

S281
ゆびさきの宇宙
福島智・盲ろうを生きて
生井久美子

盲ろう者として幾多のバリアを突破してきた東大教授・福島智の生き方に魅せられたジャーナリストが密着、その軌跡と思想を語る。

S282
釜ケ崎と福音
―神は貧しく小さくされた者と共に―
本田哲郎

神の選びは社会的に貧しく小さくされた者の中にこそある！　釜ケ崎の労働者たちと共に二十年を過ごした神父の、実体験に基づく独自の聖書解釈。

S283
考古学で現代を見る
田中琢

新発掘で本当は何が「わかった」といえるか？　考古学とナショナリズムとの危うい関係とは？　発掘の楽しさと現代とのかかわりを語るエッセイ集。〈解説〉広瀬和雄

S284
家事の政治学
柏木博

急速に規格化・商品化が進む近代社会の軌跡と重なる「家事労働からの解放」の夢。家庭という空間と国家、性差、貧富などとの関わりを浮き彫りにする社会論。

S285
河合隼雄の読書人生
―深層意識への道―
河合隼雄

臨床心理学のパイオニアの人生に影響をおよぼした本とは？　読書を通して著者が自らの人生を振り返る、自伝でもある読書ガイド。〈解説〉河合俊雄